TURING

图灵教育

站在巨人的肩上

Standing on the Shoulders of Giants

图灵教育

站在巨人的肩上

Standing on the Shoulders of Giants

TURING 图灵程序设计丛书

数据结构与算法JavaScript描述

Data Structures and Algorithms with JavaScript

[美] Michael McMillan 著
王群锋　杜欢 译

O'REILLY®

Beijing • Cambridge • Farnham • Köln • Sebastopol • Tokyo

O'Reilly Media, Inc.授权人民邮电出版社出版

人民邮电出版社
北　京

图书在版编目（CIP）数据

数据结构与算法JavaScript描述 / (美) 麦克米伦
(McMillan,M.) 著 ; 王群锋, 杜欢译. -- 北京 : 人民
邮电出版社, 2014.9(2020.5重印)
（图灵程序设计丛书）
ISBN 978-7-115-36339-8

Ⅰ. ①数… Ⅱ. ①麦… ②王… ③杜… Ⅲ. ①数据结
构②算法分析③JAVA语言—程序设计 Ⅳ. ①TP311.12
②TP312

中国版本图书馆CIP数据核字(2014)第150725号

内 容 提 要

在过去几年中，JavaScript 凭借 Node.js 和 SpiderMonkey 等平台，在服务器端编程中得到了广泛应用。JavaScript 程序员因而迫切需要使用传统语言（比如 C++ 和 Java）提供的工具，包括传统的数据结构以及传统的排序和查找算法。本书讨论在数组即对象、无处不在的全局变量、基于原型的对象模型等 JavaScript 语言的环境下，如何实现高效的数据结构和算法。

本书适合 JavaScript 程序员以及对 JavaScript 语言感兴趣的学习者，特别是在学校中没有系统学习过计算机科学相关课程的“跨界”程序员。

◆ 著　[美] Michael McMillan
译　王群锋　杜　欢
责任编辑　李松峰
执行编辑　李　静　刘　帅
责任印制　焦志炜

◆ 人民邮电出版社出版发行　北京市丰台区成寿寺路 11 号
邮编　100164　电子邮件　315@ptpress.com.cn
网址　http://www.ptpress.com.cn
固安县铭成印刷有限公司印刷

◆ 开本：800×1000　1/16
印张：13.5
字数：278千字　2014年9月第1版
印数：12 201－12 700册　2020年5月河北第21次印刷
著作权合同登记号　图字：01-2014-4384号

定价：49.00元

读者服务热线：(010)51095183转600　印装质量热线：(010)81055316
反盗版热线：(010)81055315
广告经营许可证：京东工商广登字 20170147 号

版权声明

O’Reilly Media, Inc.介绍

O’Reilly Media 通过图书、杂志、在线服务、调查研究和会议等方式传播创新知识。自 1978 年开始，O’Reilly 一直都是前沿发展的见证者和推动者。超级极客们正在开创着未来，而我们关注真正重要的技术趋势——通过放大那些“细微的信号”来刺激社会对新科技的应用。作为技术社区中活跃的参与者，O’Reilly 的发展充满了对创新的倡导、创造和发扬光大。

O’Reilly 为软件开发人员带来革命性的“动物书”；创建第一个商业网站（GNN）；组织了影响深远的开放源代码峰会，以至于开源软件运动以此命名；创立了 Make 杂志，从而成为 DIY 革命的主要先锋；公司一如既往地通过多种形式缔结信息与人的纽带。O’Reilly 的会议和峰会集聚了众多超级极客和高瞻远瞩的商业领袖，共同描绘出开创新产业的革命性思想。作为技术人士获取信息的选择，O’Reilly 现在还将先锋专家的知识传递给普通的计算机用户。无论是通过书籍出版，在线服务或者面授课程，每一项 O’Reilly 的产品都反映了公司不可动摇的理念——信息是激发创新的力量。

业界评论

“O’Reilly Radar 博客有口皆碑。”

——*Wired*

“O’Reilly 凭借一系列（真希望当初我也想到了）非凡想法建立了数百万美元的业务。”

——*Business 2.0*

“O’Reilly Conference 是聚集关键思想领袖的绝对典范。”

——*CRN*

“一本 O’Reilly 的书就代表一个有用、有前途、需要学习的主题。”

——*Irish Times*

“Tim 是位特立独行的商人，他不光放眼于最长远、最广阔的视野并且切实地按照 Yogi Berra 的建议去做了：‘如果你在路上遇到岔路口，走小路（岔路）。’回顾过去 Tim 似乎每一次都选择了小路，而且有几次都是一闪即逝的机会，尽管大路也不错。”

——*Linux Journal*

目录

推荐序

在前端工程师中，常常有一种声音："我为什么要学习数据结构与算法？没有数据结构与算法，我一样很好地完成了工作？"

实际上，算法是一个十分宽泛的概念，我们写的任何程序都可称为算法，甚至往冰箱里面放一头大象，也要经过开门、放入、关门这样的规划，这也可以视为一种简单的算法。可以说，简单的算法是人类的本能。而算法知识的学习则是吸取前人的经验，对复杂的问题进行归类、抽象，帮助我们脱离刀耕火种时代，系统掌握算法的一个过程。

随着自身成长和职业发展，不论是做前端、服务端还是客户端，任何一个程序员都会开始面对更加复杂的问题，算法和数据结构知识就变得不可或缺了。

我一直认为前端工程师则是最需要重视算法和数据结构基础的人。因为历史原因，不少前端工程师是从视觉设计、网站编辑转过来的，在学校没有学过相应的基础课程，而数据结构与算法的经典名著大部分又没照顾到入门的需要，所以前端工程师如果自身不重视算法和数据结构这样的基础知识，很可能陷入数年从事单一重复劳动毫无成长这样的职业发展困境。在移动浪潮到来之后，用户体验要求越来越高，对前端提出了更高的要求，前端这个职能，必须提高自身才能继续发展，未来的网页 UI，绝对不是靠几个选择器操作加超链接就能应付的。越来越复杂的产品和基础库，需要坚实的数据结构与算法基础才能驾驭。

本书对前端工程师是非常好的数据结构与算法入门书，它的难度非常适合前端工程师补习基础知识。全书仅 200 页，对于有渴求数据结构与算法的前端工程师来说这是非常不错的开始。特别值得一提的是每章后面的小练习，题目不多但是非常有可操作性。

程劭非

阿里无线事业部高级技术专家

2014 年 7 月

前言

在过去的几年中，得益于 Node.js 和 SpiderMonkey 等平台，JavaScript 越来越广泛地用于服务器端编程。鉴于 JavaScript 语言已经走出了浏览器，程序员发现他们需要更多传统语言（比如 C++ 和 Java）提供的工具。这些工具包括传统的数据结构（如链表、栈、队列、图等），也包括传统的排序和查找算法。本书讨论在使用 JavaScript 进行服务器端编程时，如何实现这些数据结构和算法。

JavaScript 程序员会发现本书很有用，因为本书讨论了在 JavaScript 语言的限制下，如何实现数据结构和算法。这些限制包括：数组即对象、无处不在的全局变量、基于原型的对象模型等。JavaScript 作为一种编程语言，名声有点“不大好”，但是本书展示了如何使用 JavaScript 语言中“好的一面”去实现高效的数据结构和算法，进而为 JavaScript 正名。

为什么要学习数据结构和算法

我假设本书的读者中，有很多人没接受过正规的计算机科学教育。如果你接受过，那么你已经知道了学习数据结构和算法为何如此重要。如果你没有计算机科学学位或者没有正规学习过计算机科学，那么请耐心读完本节。

计算机科学家尼克劳斯·沃思（Nicklaus Wirth）写过一本计算机程序设计教材，书名是《算法 + 数据结构 = 程序》（*Algorithms + Data Structures = Programs*，Prentice-Hall）。这个书名就概括了计算机编程的精要。除了“Hello world!”等无关紧要的程序，任何一个有些规模的程序都需要某种类型的数据结构来保存程序中用到的数据，还需要一个或多个算法将数据从输入转换为输出。

对于那些没有在学校学习过计算机科学的程序员来说，唯一熟悉的数据结构就是数组。在处理一些问题时，数组无疑是很好的选择，但对于很多复杂的问题，数组就显得太过简陋了。大多数有经验的程序员都愿意承认这样一个事实：对于很多编程问题，当他们想出一个合适的数据结构，设计和实现解决这些问题的算法就变得手到擒来。

二叉查找树（BST）就是一个这样的例子。设计二叉查找树的目的是为了方便查找一组数据中的最小值和最大值，由这个数据结构自然引申出一个查找算法，该算法比目前最好的查找算法效率还要高。不熟悉二叉查找树的程序员可能会使用一个更简单的数据结构，但效率上就打了个折扣。

学习算法非常重要，因为解决同样的问题，往往可以使用多种算法。对于高效程序员来说，知道哪种算法效率最高非常重要。比如，现在至少有六七种排序算法，如果知道快速排序比选择排序效率更高，那么就会让排序过程变得高效。又比如，实现一个线性查找的算法很简单，但是如果知道有时二分查找可能比线性查找快两倍以上，那你势必会写出一个更好的程序。

深入学习数据结构和算法，不仅可以知道哪种数据结构和算法更高效，还会知道如何找出最适合解决手头问题的数据结构和算法。写程序，尤其是用 JavaScript 写程序时，经常需要权衡，知道了本书涵盖的数据结构和算法的优缺点，在解决具体的编程问题时就容易做出正确的选择。

阅读本书需要的工具

本书使用的编程环境是基于 SpiderMonkey JavaScript 引擎的 JavaScript shell。第 1 章提供了该 shell 的下载说明。也可以使用其他一些 JavaScript Shell，比如 Node.js 提供的 JavaScript shell，你只需自己对书中的程序做一些转换，就能在 Node.js 上运行。除了 JavaScript shell，再有一个用于编写 JavaScript 程序的文本编辑器就够了。

本书组织结构

- 第 1 章简单概述 JavaScript 语言，至少介绍了本书用到的 JavaScript 特性。这一章还展示了贯穿全书的编程风格。
- 第 2 章讨论计算机编程中最常见的数据结构：数组。数组是 JavaScript 原生的数据类型。
- 第 3 章介绍我们实现的第一个数据结构：列表。
- 第 4 章介绍栈。栈是一种贯穿计算机科学的数据结构，编译器和操作系统的实现都用到了栈。
- 第 5 章讨论队列。队列是对你在银行或杂货店里所排队伍的一种抽象。队列广泛应用于处理数据之前，必须先把数据按顺序排成一队的模拟软件中。

- 第 6 章介绍链表。链表是对列表的修改，链表里的每个元素都是一个单独的对象，该对象和它两边的元素相连。当程序中需要插入和删除多个元素时，使用链表非常高效。
- 第 7 章展示如何实现和使用字典，字典是将数据存储为键值对的数据结构。
- 实现字典的一种方法是通过散列表，第 8 章讨论了如何实现散列表和在表中存储数据的散列算法。
- 第 9 章介绍集合。和数据结构相关的书通常不会介绍集合，但是当某个数据集不允许有重复元素出现时，使用集合是一个很好的选择。
- 第 10 章的重点是二叉树和二叉查找树。前面提到过，二叉查找树是一种存储有序元素的极佳选择。
- 第 11 章介绍图和图的算法。图用来表示计算机网络节点或者地图上的城市等数据。
- 第 12 章转向算法，讨论各种排序算法，包括简单易实现但处理大数据集时效率不高的算法，以及适合处理大数据集的复杂算法。
- 第 13 章的主题还是算法，不过这回是查找算法，比如线性查找和二分查找。
- 第 14 章是本书的最后一章，讨论两种更高级的算法——动态规划和贪心算法。这些算法能解决难题，通常的算法在面对这些问题时要么执行速度太慢，要么难于实现。我们会分析几个用动态规划和贪心算法解决的典型问题。

排版约定

本书使用的排版约定如下。

- 楷体
  表示新的术语。

- 等宽字体
  表示程序片段，也用于在正文中表示程序中使用的变量、函数名、命令行代码、环境变量、语句和关键字等元素。

- **等宽粗体**
  表示应该由用户逐字输入的命令或者其他文本。

- *等宽斜体*
  表示应该由用户输入的值或根据上下文决定的值替换的文本。

使用代码示例

可以在这里下载本书随附的资料（代码示例、练习题等）：https://github.com/oreillymedia/

data_structures_and_algorithms_using_javascript。

让本书助你一臂之力。也许你需要在自己的程序或文档中用到本书中的代码。除非大段大段地使用，否则不必与我们联系取得授权。例如，无需请求许可，就可以用本书中的几段代码写成一个程序。但是销售或者发布 O'Reilly 图书中代码的光盘则必须事先获得授权。引用书中的代码来回答问题也无需授权。将大段的示例代码整合到你自己的产品文档中则必须经过许可。

使用我们的代码时，希望你能标明它的出处，但不强求。出处一般包括书名、作者、出版商和 ISBN，例如：*Data Structure and Algorithms Using JavaScript*，Michael McMillan 著（O'Reilly，2014）。版权所有，978-1-449-36493-9。

如果还有关于使用代码的未尽事宜，可以随时与我们联系：permissions@oreilly.com。

Safari® Books Online

Safari Books Online（http://www.safaribooksonline.com）是应需而变的数字图书馆。它同时以图书和视频的形式出版世界顶级技术和商务作家的专业作品。

Safari Books Online 是技术专家、软件开发人员、Web 设计师、商务人士和创意人士开展调研、解决问题、学习和认证培训的第一手资料。

对于组织团体、政府机构和个人，Safari Books Online 提供各种产品组合和灵活的定价策略。用户可通过一个功能完备的数据库检索系统访问 O'Reilly Media、Prentice Hall Professional、Addison-Wesley Professional、Microsoft Press、Sams、Que、Peachpit Press、Focal Press、Cisco Press、John Wiley & Sons、Syngress、Morgan Kaufmann、IBM Redbooks、Packt、Adobe Press、FT Press、Apress、Manning、New Riders、McGraw-Hill、Jones & Bartlett、Course Technology 以及其他几十家出版社的上千种图书、培训视频和正式出版之前的书稿。要了解 Safari Books Online 的更多信息，我们网上见。

联系我们

请把对本书的评价和问题发给出版社。

美国：

O'Reilly Media, Inc.
1005 Gravenstein Highway North
Sebastopol, CA 95472

中国：

北京市西城区西直门南大街 2 号成铭大厦 C 座 807 室（100035）

奥莱利技术咨询（北京）有限公司

O'Reilly 的每一本书都有专属网页，你可以在那儿找到本书的相关信息，包括勘误表、示例代码以及其他信息。本书的网站地址是：

http://oreil.ly/data_structures_algorithms_JS。

对于本书的评论和技术性问题，请发送电子邮件到：

bookquestions@oreilly.com

要了解更多 O'Reilly 图书、培训课程、会议和新闻的信息，请访问以下网站：

http://www.oreilly.com

我们在 Facebook 的地址如下：http://facebook.com/oreilly

请关注我们的 Twitter 动态：http://twitter.com/oreillymedia

我们的 YouTube 视频地址如下：http://www.youtube.com/oreillymedia

致谢

写成本书，需要感谢很多人。首先要感谢我的组稿编辑 Simon St. Laurent，他对本书充满信心并鼓励我开始写作。Meghan Blanchette 女士为了让我按时完成写作费尽心思，如果本书有过拖稿现象，那一定不是她的错。Brian MacDonald 做了很多工作让本书变得通俗易懂，他编辑校订了本书的一些章节，文字比我当初的更清晰。我还要感谢技术审稿人，他们阅读了本书的全部文字和代码，并且指出了行文和代码表达不够清楚的地方。我的同事 Cynthia Fehrenbach 将我简陋的草图绘制成现在精美、清晰的插图，在本书将要出版的最后时刻，她还愿意重新绘制几幅插图，对此我要特别感谢她。最后，我要感谢在 Mozilla 工作的所有人，是他们设计了如此出色的 JavaScript 引擎和命令行工具，他们还为如何使用 JavaScript 语言和这个工具编写了非常棒的文档。

第 1 章

JavaScript的编程环境和模型

本章描述了 JavaScript 的编程环境和基本的编程模块，本书的后续章节将使用这些知识定义各种数据结构和实现各种算法。

1.1 JavaScript环境

JavaScript 历来是一种仅在浏览器里运行的程序语言。然而在过去的几年中，这种情况发生了变化，JavaScript 发展为可以作为桌面程序执行，或者在服务器上执行。本书就使用这样一种类似的环境：JavaScript shell，这是由 Mozilla 提供的综合 JavaScript 编程环境 SpiderMonkey 中的一部分。

打开 SpiderMonkey 的每日构建页面（http://mzl.la/MKOuFY），滚动至页面底部，根据你的计算机操作系统，下载相应的 JavaScript shell。

下载完成后，有两种使用 JavaScript shell 的方式。可以选择在交互模式下使用 shell，也可以将 JavaScript 代码保存在一个文件中，使用 shell 进行解释执行。在命令提示符下输入 `js`，进入 shell 的交互模式，命令行里将会出现 `js>` 提示符，这时就可以输入 JavaScript 表达式和语句了。

下面演示了和 JavaScript shell 进行交互的典型场景：

```
bash
js> 1
1
js> 1+2
```

```
3
js> var num = 1;
js> num*124
124
js> for (var i = 1; i < 6; ++i) {
    print(i);
}
1
2
3
4
5
js>
```

你可以输入算术表达式，JavaScript shell 立即会对其进行求值。也可以输入任意合法的 JavaScript 语句，JavaScript shell 也会马上求值。如果你想探索 JavaScript 语句进而了解它们的工作原理，那么这种交互式 shell 是很棒的选择。完成后，输入 quit() 语句退出 shell。

另外一种使用 JavaScript shell 的方式是用它解释执行一段完整的 JavaScript 程序，这也是我们在本书剩余部分使用 shell 的方式。

使用 JavaScript shell 解释运行程序，首先需要创建一个包含完整 JavaScript 程序的文件。可以使用任何文本编辑器，但是要确保将文件保存为普通文本文件。唯一的要求是文件名必须以 .js 作为后缀。JavaScript shell 看到这种后缀才会知道文件里是一段 JavaScript 程序。

文件保存完成后，在命令行里输入 js 和文件名，就可以解释执行该 JavaScript 程序了。比如，假设将前面提到的 for 循环代码片段保存成一个 loop.js 文件，在命令行里输入：

```
c:\js>js loop.js
```

则会产生如下输出：

```
1
2
3
4
5
```

程序执行完成后，自动返回命令行控制台。

1.2 JavaScript编程实践

本节将讨论如何使用 JavaScript。我们知道，每个程序员编写程序的风格和惯例都不尽相同，因此在本书一开始，我想先说说我自己的编程风格和惯例，这样读者在后续章节中碰到更复杂一点的程序时，就不会感到疑惑了。本书并非一部 JavaScript 新手教程，而是语言基本结构使用方法指南。

1.2.1 声明和初始化变量

JavaScript 中的变量默认是全局变量，严格地说，甚至不需要在使用前进行声明。如果对一个事先未予声明的 JavaScript 变量进行初始化，该变量就成了一个全局变量。但本书遵循 C++ 和 Java 等编译型语言的习惯，在使用变量前先对其进行声明。这样做的好处是，声明的变量都是局部变量。本章稍后部分将详细讨论变量的作用域。

在 JavaScript 中声明变量，需使用关键字 var，后跟变量名，后面还可以跟一个赋值表达式。下面是一些例子：

```
var number;
var name;
var rate = 1.2;
var greeting = "Hello, world!";
var flag = false;
```

1.2.2 JavaScript中的算术运算和数学库函数

JavaScript 使用标准的算术运算符：

- + （加）
- - （减）
- * （乘）
- / （除）
- % （取余）

JavaScript 同时拥有一个数学库，用来完成一些高级运算，比如平方根、绝对值和三角函数。算术运算符遵循标准的运算顺序，可以用括号来改变运算顺序。

例 1-1 演示了使用 JavaScript 执行一些算术运算的例子，同时也用到了一些数学库中的函数。

例 1-1 JavaScript 中的算术运算和数学函数

```
var x = 3;
var y = 1.1;
print(x + y);
print(x * y);
print((x+y)*(x-y));
var z = 9;
print(Math.sqrt(z));
print(Math.abs(y/x));
```

这段程序的输出为：

```
4.1
3.3000000000000003
```

```
7.789999999999999
3
0.3666666666666667
```

如果计算精度不必像上面那样精确，可以将数字格式化为固定精度：

```
var x = 3;
var y = 1.1;
var z = x * y;
print(z.toFixed(2)); // 显示 3.30
```

1.2.3 判断结构

根据布尔表达式的值，判断结构让程序可以选择执行哪些程序语句。本书用到的两种判断结构为 `if` 语句和 `switch` 语句。

`if` 语句有如下三种形式：

- 简单的 `if` 语句；
- `if-else` 语句；
- `if-else if` 语句。

例 1-2 演示了如何编写简单的 `if` 语句。

例 1-2 简单的 `if` 语句

```
var mid = 25;
var high = 50;
var low = 1;
var current = 13;
var found = -1;
if (current < mid) {
   mid = (current-low) / 2;
}
```

例 1-3 演示了 `if-else` 语句。

例 1-3 `if-else` 语句

```
var mid = 25;
var high = 50;
var low = 1;
var current = 13;
var found = -1;
if (current < mid) {
   mid = (current-low) / 2;
}
else {
   mid = (current+high) / 2;
}
```

例 1-4 演示了 if-else if 语句。

例 1-4　if-else if 语句

```
var mid = 25;
var high = 50;
var low = 1;
var current = 13;
var found = -1;
if (current < mid) {
   mid = (current-low) / 2;
}
else if (current > mid) {
   mid = (current+high) / 2;
}
else {
   found = current;
}
```

本书用到的另外一个判断结构是 switch 语句。在有多个简单的选择时，使用该语句的代码结构更加清晰。例 1-5 演示了 switch 语句的工作原理。

例 1-5　switch 语句

```
putstr("Enter a month number: ");
var monthNum = readline();
var monthName;
switch (monthNum) {
   case "1":
      monthName = "January";
      break;
   case "2":
      monthName = "February";
      break;
   case "3":
      monthName = "March";
      break;
   case "4":
      monthName = "April";
      break;
   case "5":
      monthName = "May";
      break;
   case "6":
      monthName = "June";
      break;
   case "7":
      monthName = "July";
      break;
   case "8":
      monthName = "August";
      break;
   case "9":
      monthName = "September";
      break;
```

```
        case "10":
            monthName = "October";
            break;
        case "11":
            monthName = "November";
            break;
        case "12":
            monthName = "December";
            break;
        default:
            print("Bad input");
    }
```

这是解决该问题最高效的方式吗？不是，但是这个例子充分展示了 switch 语句的工作原理。

JavaScript 中的 switch 语句和其他编程语言的一个主要区别是：在 JavaScript 中，用来判断的表达式可以是任意类型，而不仅限于整型；而 C++ 和 Java 等一些语言就要求该表达式必须为整型。事实上，如果你留意观察，上面那个例子中代表月份的数字其实是字符串类型。不用将它们转化成整型，就可以直接在 switch 语句中使用。

1.2.4 循环结构

本书涉及的多数算法，从本质上都具有循环的特性。本书将用到两种循环结构：while 循环和 for 循环。

如果希望在条件为真时执行一组语句，就选择 while 循环。例 1-6 展示了 while 循环的工作原理。

例 1-6　while 循环

```
var number = 1;
var sum = 0;
while (number < 11) {
    sum += number;
    ++number;
}
print(sum); // 显示 55
```

如果希望按执行次数执行一组语句，就选择 for 循环。例 1-7 使用 for 循环求整数 1 到 10 的累加和。

例 1-7　使用 for 循环求和

```
var number = 1;
var sum = 0;
for (var number = 1; number < 11; number++) {
    sum += number;
}
print(sum); // 显示 55
```

访问数组中的元素时，也经常用到 for 循环，如例 1-8 所示。

例 1-8　使用 for 循环访问数组

```
var numbers = [3, 7, 12, 22, 100];
var sum = 0;
for (var i = 0; i < numbers.length; ++i) {
   sum += numbers[i];
}
print(sum); // 显示 144
```

1.2.5　函数

JavaScript 提供了两种定义函数的方式，一种有返回值，一种没有返回值（这种函数有时也叫做子程或 void 函数）。

例 1-9 展示了如何定义一个有返回值的函数和如何在 JavaScript 中调用该函数。

例 1-9　有返回值的函数

```
function factorial(number) {
   var product = 1;
   for (var i = number; i >= 1; --i) {
      product *= i;
   }
   return product;
}
print(factorial(4)); // 显示 24
print(factorial(5)); // 显示 120
print(factorial(10)); // 显示 3 628 800
```

例 1-10 展示了如何定义一个没有返回值的函数，使用该函数并不是为了得到它的返回值，而是为了执行函数中定义的操作。

例 1-10　JavaScript 中的子程或者 void 函数

```
function curve(arr, amount) {
   for (var i = 0; i < arr.length; ++i) {
      arr[i] += amount;
   }
}

var grades = [77, 73, 74, 81, 90];
curve(grades, 5);
print(grades); // 显示 82,78,79,86,95
```

JavaScript 中，函数的参数传递方式都是按值传递，没有按引用传递的参数。但是 JavaScript 中有保存引用的对象，比如数组，如例 1-10 所示，它们是按引用传递的。

1.2.6　变量作用域

变量的作用域是指一个变量在程序中的哪些地方可以访问。JavaScript 中的变量作用域被定义为函数作用域。这是指变量的值在定义该变量的函数内是可见的，并且定义在该函数内的嵌套函数中也可访问该变量。

在主程序中，如果在函数外定义一个变量，那么该变量拥有全局作用域，这是指可以在包括函数体内的程序的任何部分访问该变量。下面用一段简短的程序展示全局作用域的工作原理：

```
function showScope() {
   return scope;
}

var scope = "global";
print(scope); // 显示 "global"
print(showScope()); // 显示 "global"
```

函数 showScope() 可以访问变量 scope，因为 scope 是一个全局变量。可以在程序的任意位置定义全局变量，比如在函数定义前或者函数定义后。

在 showScope() 函数内再定义一个 scope 变量，看看这时发生了什么：

```
function showScope() {
   var scope = "local";
   return scope;
}

var scope = "global";
print(scope); // 显示 "global"
print(showScope()); // 显示 "local"
```

showScope() 函数内定义的变量 scope 拥有局部作用域，而在主程序中定义的变量 scope 是一个全局变量。尽管两个变量名字相同，但它们的作用域不同，在定义它们的地方访问时得到的值也不一样。

这些行为都是正常且符合预期的。但是，如果在定义变量时省略了关键字 var，那么一切都变了。JavaScript 允许在定义变量时不使用关键字 var，但这样做的后果是定义的变量自动拥有了全局作用域，即使你是在一个函数内定义该变量，它也是全局变量。

例 1-11 展示了定义变量时省略了关键字 var 的后果。

例 1-11　滥用全局变量的恶果

```
function showScope() {
   scope = "local";
   return scope;
}

scope = "global";
print(scope); // 显示 "global"
print(showScope()); // 显示 "local"
print(scope); // 显示 "local"
```

在例 1-11 中，由于在 showScope() 函数内定义变量 scope 时省略了关键字 var，所以在将字符串 "local" 赋给该变量时，实际上是改变了主程序中 scope 变量的值。因此，在定义变量时，应该总是以关键字 var 开始，以避免发生类似的错误。

前面我们提到，JavaScript 拥有的是函数作用域，其含义是 JavaScript 中没有块级作用域，这一点有别于其他很多现代编程语言。使用块级作用域，可以在一段代码块中定义变量，该变量只在块内可见，离开这段代码块就不可见了，在 C++ 或者 Java 的 for 循环语句中，经常可以看到这样的例子：

```
for (int i = 1; i <= 10; ++i) {
   cout << "Hello, world!" << endl;
}
```

虽然 JavaScript 没有块级作用域，但在本书中编写 for 循环语句时，我们假设它有：

```
for (var i = 1; i <= 10; ++i ) {
   print("Hello, world!");
}
```

这样做的原因是，我们不希望自己成为你养成坏编程习惯的帮手。

1.2.7 递归

JavaScript 中允许函数递归调用。前面定义过的 factorial() 函数也可以用递归方式定义：

```
function factorial(number) {
   if (number == 1) {
      return number;
   }
   else {
      return number * factorial(number-1);
   }
}
print(factorial(5));
```

当一个函数被递归调用，在递归没有完成时，函数的计算结果暂时被挂起。为了说明这个过程，这里用一幅图展示了以 5 作为参数，调用 factorial() 函数时函数的执行过程：

```
5 * factorial(4)
5 * 4 * factorial(3)
5 * 4 * 3 * factorial(2)
5 * 4 * 3 * 2 * factorial(1)
5 * 4 * 3 * 2 * 1
5 * 4 * 3 * 2
5 * 4 * 6
5 * 24
120
```

本书讨论的一些算法采用了递归的方式。对于大多数情况，JavaScript 都有能力处理递归层次较深的递归调用（上面的例子递归层次较浅）；但是保不齐有的算法需要的递归深度超出了 JavaScript 的处理能力，这时我们就需要寻求该算法的一种迭代式解决方案了。任何可以被递归定义的函数，都可以被改写为迭代式的程序，要将这点牢记于心。

1.3 对象和面向对象编程

本书讨论到的数据结构都被实现为对象。JavaScript 提供了多种方式来创建和使用对象。本节将要展示的这些技术，在本书用于创建对象，并用于创建和使用对象中的方法和属性。

对象通过如下方式创建：定义包含属性和方法声明的构造函数，并在构造函数后紧跟方法的定义。下面是一个检查银行账户对象的构造函数：

```
function Checking(amount) {
   this.balance = amount; // 属性
   this.deposit = deposit; // 方法
   this.withdraw = withdraw; // 方法
   this.toString = toString; // 方法
}
```

this 关键字用来将方法和属性绑定到一个对象的实例上。下面我们看看对于前面声明过的方法是如何定义的：

```
function deposit(amount) {
   this.balance += amount;
}

function withdraw(amount) {
   if (amount <= this.balance) {
      this.balance -= amount;
   }
   if (amount > this.balance) {
      print("Insufficient funds");
   }
}

function toString() {
   return "Balance: " + this.balance;
}
```

这里，我们又一次使用 this 关键字和 balance 属性，以便让 JavaScript 解释器知道我们引用的是哪个对象的 balance 属性。

例 1-12 给出了 Checking 对象的完整定义和测试代码。

例 1-12　定义和使用 Checking 对象

```
function Checking(amount) {
   this.balance = amount;
   this.deposit = deposit;
```

```
    this.withdraw = withdraw;
    this.toString = toString;
}

function deposit(amount) {
    this.balance += amount;
}

function withdraw(amount) {
    if (amount <= this.balance) {
        this.balance -= amount;
    }
    if (amount > this.balance) {
        print("Insufficient funds");
    }
}

function toString() {
    return "Balance: " + this.balance;
}

var account = new Checking(500);
account.deposit(1000);
print(account.toString()); //Balance: 1500
account.withdraw(750);
print(account.toString()); // 余额：750
account.withdraw(800); // 显示 " 余额不足 "
print(account.toString()); // 余额：750
```

1.4 小结

本章概述了本书剩余部分使用 JavaScript 的方式。很多习惯 C 风格编程语言（比如 C++ 和 Java）的程序员形成了统一的编码风格，我们尽量遵循这一风格。当然，JavaScript 中也有很多约定并不遵循其他语言的一贯做法（比如声明和使用变量），这些我们都会在使用时指出，并且教给读者如何正确地使用这门语言。我们同时沿袭了很多使用 JavaScript 编程的最佳实践，这些实践来自 John Resig、Douglas Crockford 等 JavaScript 专家。编写出让人容易阅读的代码和编写出让计算机能正确执行的代码同等重要，作为负责任的程序员，必须将这一点牢记在心。

第2章

数组

数组是计算机编程世界里最常见的数据结构。任何一种编程语言都包含数组，只是形式上略有不同罢了。数组是编程语言中的内建类型，通常效率很高，可以满足不同需求的数据存储。本章将探索 JavaScript 中数组的工作原理，以及它的使用场合。

2.1 JavaScript中对数组的定义

数组的标准定义是：一个存储元素的线性集合（collection），元素可以通过索引来任意存取，索引通常是数字，用来计算元素之间存储位置的偏移量。几乎所有的编程语言都有类似的数据结构。然而 JavaScript 的数组却略有不同。

JavaScript 中的数组是一种特殊的对象，用来表示偏移量的索引是该对象的属性，索引可能是整数。然而，这些数字索引在内部被转换为字符串类型，这是因为 JavaScript 对象中的属性名必须是字符串。数组在 JavaScript 中只是一种特殊的对象，所以效率上不如其他语言中的数组高。

JavaScript 中的数组，严格来说应该称作对象，是特殊的 JavaScript 对象，在内部被归类为数组。由于 `Array` 在 JavaScript 中被当作对象，因此它有许多属性和方法可以在编程时使用。

2.2 使用数组

JavaScript 中的数组非常灵活。单是创建数组和存取元素的方法就有好几种，也可以通过不同方式对数组进行查找和排序。JavaScript 1.5 还提供了一些函数，让程序员在处理数组时可以使用函数式编程技巧。接下来几节将为大家展示这些技术。

2.2.1 创建数组

最简单的方式是通过 [] 操作符声明一个数组变量：

```
var numbers = [];
```

使用这种方式创建数组，你将得到一个长度为 0 的空数组。可以通过调用内建的 length 属性来验证这一点：

```
print(numbers.length); // 显示 0
```

另一种方式是在声明数组变量时，直接在 [] 操作符内放入一组元素：

```
var numbers = [1,2,3,4,5];
print(numbers.length); // 显示 5
```

还可以调用 Array 的构造函数创建数组：

```
var numbers = new Array();
print(numbers.length); // 显示 0
```

同样，可以为构造函数传入一组元素作为数组的初始值：

```
var numbers = new Array(1,2,3,4,5);
print(numbers.length); // 显示 5
```

最后，在调用 Array 的构造函数时，可以只传入一个参数，用来指定数组的长度：

```
var numbers = new Array(10);
print(numbers.length); // 显示 10
```

在脚本语言里很常见的一个特性是，数组中的元素不必是同一种数据类型，这一点和很多编程语言不同，如下所示：

```
var objects = [1, "Joe", true, null];
```

可以调用 Array.isArray() 来判断一个对象是否是数组，如下所示：

```
var numbers = 3;
var arr = [7,4,1776];
print(Array.isArray(numbers)); // 显示 false
print(Array.isArray(arr)); // 显示 true
```

本节我们讨论了创建数组的几种方式。哪种方式最好？大多数 JavaScript 专家推荐使用 [] 操作符，和使用 Array 的构造函数相比，这种方式被认为效率更高（具体参见 O'Reilly 出版的 *JavaScript: The Definitive Guide* 和 *JavaScript: The Good Parts* 这两本书）。

2.2.2 读写数组

在一条赋值语句中，可以使用 [] 操作符将数据赋给数组，比如下面的循环，将 1~100 的数字赋给一个数组：

```
var nums = [];
for (var i = 0; i < 100; ++i) {
   nums[i] = i+1;
}
```

还可以使用 [] 操作符读取数组中的元素，如下所示：

```
var numbers = [1,2,3,4,5];
var sum = numbers[0] + numbers[1] + numbers[2] + numbers[3] +
          numbers[4];
print(sum); // 显示 15
```

如果要依次读取数组中的所有元素，使用 for 循环无疑会更简单：

```
var numbers = [1,2,3,5,8,13,21];
var sum = 0;
for (var i = 0; i < numbers.length; ++i) {
   sum += numbers[i];
}
print(sum); // 显示 53
```

注意，这里使用数组的 length 属性来控制循环次数，而不是直接使用数字。JavaScript 中的数组也是对象，数组的长度可以任意增长，超出其创建时指定的长度。length 属性反映的是当前数组中元素的个数，使用它，可以确保循环遍历了数组中的所有元素。

2.2.3 由字符串生成数组

调用字符串对象的 split() 方法也可以生成数组。该方法通过一些常见的分隔符，比如分隔单词的空格，将一个字符串分成几部分，并将每部分作为一个元素保存于一个新建的数组中。

下面的这一小段程序演示了 split() 方法的工作原理：

```
var sentence = "the quick brown fox jumped over the lazy dog";
var words = sentence.split(" ");
for (var i = 0; i < words.length; ++i) {
   print("word " + i + ": " + words[i]);
}
```

该程序的输出为：

```
word 0: the
word 1: quick
word 2: brown
```

```
word 3: fox
word 4: jumped
word 5: over
word 6: the
word 7: lazy
word 8: dog
```

2.2.4 对数组的整体性操作

有几个操作是将数组作为一个整体进行的。首先，可以将一个数组赋给另外一个数组：

```
var nums = [];
for (var i = 0; i < 10; ++i) {
   nums[i] = i+1;
}
var samenums = nums;
```

但是，当把一个数组赋给另外一个数组时，只是为被赋值的数组增加了一个新的引用。当你通过原引用修改了数组的值，另外一个引用也会感知到这个变化。下面的代码展示了这种情况：

```
var nums = [];
for (var i = 0; i < 100; ++i) {
   nums[i] = i+1;
}
var samenums = nums;
nums[0] = 400;
print(samenums[0]); // 显示 400
```

这种行为被称为浅复制，新数组依然指向原来的数组。一个更好的方案是使用深复制，将原数组中的每一个元素都复制一份到新数组中。可以写一个深复制函数来做这件事：

```
function copy(arr1, arr2) {
   for (var i = 0; i < arr1.length; ++i) {
      arr2[i] = arr1[i];
   }
}
```

这样，下述代码片段的输出就和我们希望的一样了：

```
var nums = [];
for (var i = 0; i < 100; ++i) {
   nums[i] = i+1;
}
var samenums = [];
copy(nums, samenums);
nums[0] = 400;
print(samenums[0]); // 显示 1
```

另一个将数组视为整体的操作是 `print()` 函数，用它可以显示数组里的元素。比如：

```
var nums = [1,2,3,4,5];
print(nums);
```

输出为：

```
1,2,3,4,5
```

这样的输出并不一定特别有用，但当你仅仅想看到一个简单的列表时，就可以使用它显示数组里的元素。

2.3 存取函数

JavaScript 提供了一组用来访问数组元素的函数，叫做*存取函数*，这些函数返回目标数组的某种变体。

2.3.1 查找元素

`indexOf()` 函数是最常用的存取函数之一，用来查找传进来的参数在目标数组中是否存在。如果目标数组包含该参数，就返回该元素在数组中的索引；如果不包含，就返回 -1。下面是一个例子：

```
var names = ["David", "Cynthia", "Raymond", "Clayton", "Jennifer"];
putstr("Enter a name to search for: ");
var name = readline();
var position = names.indexOf(name);
if (position >= 0) {
   print("Found " + name + " at position " + position);
}
else {
   print(name + " not found in array.");
}
```

执行该程序，并且输入 **Cynthia**，输出为：

```
Found Cynthia at position 1
```

如果输入 **Joe**，结果为：

```
Joe not found in array.
```

如果数组中包含多个相同的元素，`indexOf()` 函数总是返回第一个与参数相同的元素的索引。有另外一个功能与之类似的函数：`lastIndexOf()`，该函数返回相同元素中最后一个元素的索引，如果没找到相同元素，则返回 -1。下面是一个例子：

```
var names = ["David", "Mike", "Cynthia", "Raymond", "Clayton", "Mike", "Jennifer"];
var name = "Mike";
```

```
var firstPos = names.indexOf(name);
print("First found " + name + " at position " + firstPos);
var lastPos = names.lastIndexOf(name);
print("Last found " + name + " at position " + lastPos);
```

该程序的输出为：

```
First found Mike at position 1
Last found Mike at position 5
```

2.3.2 数组的字符串表示

有两个方法可以将数组转化为字符串：join() 和 toString()。这两个方法都返回一个包含数组所有元素的字符串，各元素之间用逗号分隔开。下面是一些例子：

```
var names = ["David", "Cynthia", "Raymond", "Clayton", "Mike", "Jennifer"];
var namestr = names.join();
print(namestr); // David,Cynthia,Raymond,Clayton,Mike,Jennifer
namestr = names.toString();
print(namestr); // David,Cynthia,Raymond,Clayton,Mike,Jennifer
```

事实上，当直接对一个数组使用 print() 函数时，系统会自动调用那个数组的 toString() 方法：

```
print(names); // David,Cynthia,Raymond,Clayton,Mike,Jennifer
```

2.3.3 由已有数组创建新数组

concat() 和 splice() 方法允许通过已有数组创建新数组。concat 方法可以合并多个数组创建一个新数组，splice() 方法截取一个数组的子集创建一个新数组。

我们先来看看 concat() 方法的工作原理。该方法的发起者是一个数组，参数是另一个数组。作为参数的数组，其中的所有元素都被连接到调用 concat() 方法的数组后面。下面的程序展示了 concat() 方法的工作原理：

```
var cisDept = ["Mike", "Clayton", "Terrill", "Danny", "Jennifer"];
var dmpDept = ["Raymond", "Cynthia", "Bryan"];
var itDiv = cisDept.concat(dmpDept);
print(itDiv);
itDiv = dmpDept.concat(cisDept);
print(itDiv);
```

输出为：

```
Mike,Clayton,Terrill,Danny,Jennifer,Raymond,Cynthia,Bryan
Raymond,Cynthia,Bryan,Mike,Clayton,Terrill,Danny,Jennifer
```

第一行首先输出 cisDept 数组里的元素，第二行首先输出 dmpDept 数组里的元素。

splice() 方法从现有数组里截取一个新数组。该方法的第一个参数是截取的起始索引，第二个参数是截取的长度。下面的程序展示了 splice() 方法的工作原理：

```
var itDiv = ["Mike","Clayton","Terrill","Raymond","Cynthia","Danny","Jennifer"];
var dmpDept = itDiv.splice(3,3);
var cisDept = itDiv;
print(dmpDept); // Raymond,Cynthia,Danny
print(cisDept); // Mike,Clayton,Terrill,Jennifer
```

splice() 方法还有其他用法，比如为一个数组增加或移除元素，具体请参见 Mozilla Developer Network 页面（http://mzl.la/1gmmlQ5）。

2.4 可变函数

JavaScript 拥有一组可变函数，使用它们，可以不必引用数组中的某个元素，就能改变数组内容。这些函数常常化繁为简，让困难的事情变得容易，就像下面我们将要看到的那样。

2.4.1 为数组添加元素

有两个方法可以为数组添加元素：push() 和 unshift()。push() 方法会将一个元素添加到数组末尾：

```
var nums = [1,2,3,4,5];
print(nums); // 1,2,3,4,5
nums.push(6);
print(nums); // 1,2,3,4,5,6
```

也可以使用数组的 length 属性为数组添加元素，但 push() 方法看起来更直观：

```
var nums = [1,2,3,4,5];
print(nums); // 1,2,3,4,5
nums[nums.length] = 6;
print(nums); // 1,2,3,4,5,6
```

和在数组的末尾添加元素比起来，在数组的开头添加元素更难。如果不利用数组提供的可变函数，则新的元素添加进来后，需要把后面的每个元素都相应地向后移一个位置。下面的代码展示了这一过程：

```
var nums = [2,3,4,5];
var newnum = 1;
var N = nums.length;
for (var i = N; i >= 0; --i) {
   nums[i] = nums[i-1];
}
nums[0] = newnum;
print(nums); // 1,2,3,4,5
```

随着数组中存储的元素越来越多，上述代码将会变得越来越低效。

unshift() 方法可以将元素添加在数组的开头，下述代码展示了该方法的用法：

```
var nums = [2,3,4,5];
print(nums); // 2,3,4,5
var newnum = 1;
nums.unshift(newnum);
print(nums); // 1,2,3,4,5
nums = [3,4,5];
nums.unshift(newnum,2);
print(nums); // 1,2,3,4,5
```

第二次出现的 unshift() 方法展示了可以通过一次调用，为数组添加多个元素。

2.4.2 从数组中删除元素

使用 pop() 方法可以删除数组末尾的元素：

```
var nums = [1,2,3,4,5,9];
nums.pop();
print(nums); // 1,2,3,4,5
```

如果没有可变函数，从数组中删除第一个元素需要将后续元素各自向前移动一个位置，和在数组开头添加一个元素一样低效：

```
var nums = [9,1,2,3,4,5];
print(nums);
for (var i = 0; i < nums.length; ++i) {
   nums[i] = nums[i+1];
}
print(nums); // 1,2,3,4,5,
```

除了要将后续元素前移一位，还多出了一个元素。当打印出数组中的元素时，会发现最后多出一个逗号。

shift() 方法可以删除数组的第一个元素，下述代码展示了该方法的用法：

```
var nums = [9,1,2,3,4,5];
nums.shift();
print(nums); // 1,2,3,4,5
```

这回数组末尾那个多余的逗号消失了。pop() 和 shift() 方法都将删掉的元素作为方法的返回值返回，因此可以使用一个变量来保存删除的元素：

```
var nums = [6,1,2,3,4,5];
var first = nums.shift(); // first gets the value 6
nums.push(first);
print(nums); // 1,2,3,4,5,6
```

2.4.3 从数组中间位置添加和删除元素

删除数组中的第一个元素和在数组开头添加一个元素存在同样的问题——两种操作都需要将数组中的剩余元素向前或向后移，然而 `splice()` 方法可以帮助我们执行其中任何一种操作。

使用 `splice()` 方法为数组添加元素，需提供如下参数：

- 起始索引（也就是你希望开始添加元素的地方）；
- 需要删除的元素个数（添加元素时该参数设为 0）；
- 想要添加进数组的元素。

看一个简单的例子。下面的程序在数组中间插入元素：

```
var nums = [1,2,3,7,8,9];
var newElements = [4,5,6];
nums.splice(3,0,newElements);
print(nums); // [1,2,3,[4,5,6],7,8,9]
```

要插入数组的元素不必组织成一个数组，它可以是任意的元素序列，比如：

```
var nums = [1,2,3,7,8,9];
nums.splice(3,0,4,5,6);
print(nums);
```

在上面的例子中，参数 4、5、6 就是我们想插入数组 `nums` 的元素序列。

下面是使用 `splice()` 方法从数组中删除元素的例子：

```
var nums = [1,2,3,100,200,300,400,4,5];
nums.splice(3,4);
print(nums); // 1,2,3,4,5
```

2.4.4 为数组排序

剩下的两个可变方法是为数组排序。第一个方法是 `reverse()`，该方法将数组中元素的顺序进行翻转。下面这个例子展示了该如何使用该方法：

```
var nums = [1,2,3,4,5];
nums.reverse();
print(nums); // 5,4,3,2,1
```

对数组进行排序是经常会遇到的需求，如果元素是字符串类型，那么数组的可变方法 `sort()` 就非常好使：

```
var names = ["David","Mike","Cynthia","Clayton","Bryan","Raymond"];
names.sort();
print(names); // Bryan,Clayton,Cynthia,David,Mike,Raymond
```

但是如果数组元素是数字类型，sort() 方法的排序结果就不能让人满意了：

```
var nums = [3,1,2,100,4,200];
nums.sort();
print(nums); // 1,100,2,200,3,4
```

sort() 方法是按照字典顺序对元素进行排序的，因此它假定元素都是字符串类型，在上一个例子中，即使元素是数字类型，也被认为是字符串类型。为了让 sort() 方法也能排序数字类型的元素，可以在调用方法时传入一个大小比较函数，排序时，sort() 方法将会根据该函数比较数组中两个元素的大小，从而决定整个数组的顺序。

对于数字类型，该函数可以是一个简单的相减操作，从一个数字中减去另外一个数字。如果结果为负，那么被减数小于减数；如果结果为 0，那么被减数与减数相等；如果结果为正，那么被减数大于减数。

将这些搞清楚之后，传入一个大小比较函数，再来看看前面的例子：

```
function compare(num1, num2) {
   return num1 - num2;
}

var nums = [3,1,2,100,4,200];
nums.sort(compare);
print(nums); // 1,2,3,4,100,200
```

sort() 函数使用了 compare() 函数对数组按照数字大小进行排序，而不是按照字典顺序。

2.5 迭代器方法

最后一组方法是*迭代器*方法。这些方法对数组中的每个元素应用一个函数，可以返回一个值、一组值或者一个新数组。

2.5.1 不生成新数组的迭代器方法

我们要讨论的第一组迭代器方法不产生任何新数组，相反，它们要么对于数组中的每个元素执行某种操作，要么返回一个值。

这组中的第一个方法是 forEach()，该方法接受一个函数作为参数，对数组中的每个元素使用该函数。下面这个例子展示了如何使用该方法：

```
function square(num) {
   print(num, num * num);
}

var nums = [1,2,3,4,5,6,7,8,9,10];
nums.forEach(square);
```

该程序的输出为：

```
1 1
2 4
3 9
4 16
5 25
6 36
7 49
8 64
9 81
10 100
```

另一个迭代器方法是 every()，该方法接受一个返回值为布尔类型的函数，对数组中的每个元素使用该函数。如果对于所有的元素，该函数均返回 true，则该方法返回 true。下面是一个例子：

```
function isEven(num) {
   return num % 2 == 0;
}

var nums = [2,4,6,8,10];
var even = nums.every(isEven);
if (even) {
   print("all numbers are even");
}
else {
   print("not all numbers are even");
}
```

输出为：

```
all numbers are even
```

将数组改为：

```
var nums = [2,4,6,7,8,10];
```

输出为：

```
not all numbers are even
```

some() 方法也接受一个返回值为布尔类型的函数，只要有一个元素使得该函数返回 true，该方法就返回 true。比如：

```
function isEven(num) {
   return num % 2 == 0;
}

var nums = [1,2,3,4,5,6,7,8,9,10];
var someEven = nums.some(isEven);
```

```
if (someEven) {
   print("some numbers are even");
}
else {
   print("no numbers are even");
}
nums = [1,3,5,7,9];
someEven = nums.some(isEven);
if (someEven) {
   print("some numbers are even");
}
else {
   print("no numbers are even");
}
```

该程序的输出为：

```
some numbers are even
no numbers are even
```

reduce() 方法接受一个函数，返回一个值。该方法会从一个累加值开始，不断对累加值和数组中的后续元素调用该函数，直到数组中的最后一个元素，最后返回得到的累加值。下面这个例子展示了如何使用 reduce() 方法为数组中的元素求和：

```
function add(runningTotal, currentValue) {
   return runningTotal + currentValue;
}

var nums = [1,2,3,4,5,6,7,8,9,10];
var sum = nums.reduce(add);
print(sum); // 显示 55
```

reduce() 方法和 add() 函数一起，从左到右，依次对数组中的元素求和，其执行过程如下所示：

```
add(1,2) -> 3
add(3,3) -> 6
add(6,4) -> 10
add(10,5) -> 15
add(15,6) -> 21
add(21,7) -> 28
add(28,8) -> 36
add(36,9) -> 45
add(45,10) -> 55
```

reduce() 方法也可以用来将数组中的元素连接成一个长的字符串：

```
function concat(accumulatedString, item) {
   return accumulatedString + item;
}

var words = ["the ", "quick ","brown ", "fox "];
```

```
var sentence = words.reduce(concat);
print(sentence); // 显示 "the quick brown fox"
```

JavaScript 还提供了 reduceRight() 方法，和 reduce() 方法不同，它是从右到左执行。下面的程序使用 reduceRight() 方法将数组中的元素进行翻转：

```
function concat(accumulatedString, item) {
   return accumulatedString + item;
}

var words = ["the ", "quick ","brown ", "fox "];
var sentence = words.reduceRight(concat);
print(sentence); // 显示 "fox brown quick the "
```

2.5.2 生成新数组的迭代器方法

有两个迭代器方法可以产生新数组：map() 和 filter()。map() 和 forEach() 有点儿像，对数组中的每个元素使用某个函数。两者的区别是 map() 返回一个新的数组，该数组的元素是对原有元素应用某个函数得到的结果。下面给出一个例子：

```
function curve(grade) {
   return grade += 5;
}

var grades = [77, 65, 81, 92, 83];
var newgrades = grades.map(curve);
print(newgrades); // 82, 70, 86, 97, 88
```

下面是对一个字符串数组使用 map() 方法的例子：

```
function first(word) {
   return word[0];
}

var words = ["for","your","information"];
var acronym = words.map(first);
print(acronym.join("")); // 显示 "fyi"
```

在上面这个例子中，数组 acronym 保存了数组 words 中每个元素的第一个字母。然而，如果想将数组显示为真正的缩略形式，必须想办法除掉连接每个数组元素的逗号，如果直接调用 toString() 方法，就会显示出这个逗号。使用 join() 方法，为其传入一个空字符串作为参数，则可以帮助我们解决这个问题。

filter() 和 every() 类似，传入一个返回值为布尔类型的函数。和 every() 方法不同的是，当对数组中的所有元素应用该函数，结果均为 true 时，该方法并不返回 true，而是返回一个新数组，该数组包含应用该函数后结果为 true 的元素。下面是一个例子：

```
function isEven(num) {
```

```
   return num % 2 == 0;
}

function isOdd(num) {
   return num % 2 != 0;
}

var nums = [];
for (var i = 0; i < 20; ++i) {
   nums[i] = i+1;
}
var evens = nums.filter(isEven);
print("Even numbers: ");
print(evens);
var odds = nums.filter(isOdd);
print("Odd numbers: ");
print(odds);
```

该程序的执行结果如下：

```
Even numbers:
2,4,6,8,10,12,14,16,18,20
Odd numbers:
1,3,5,7,9,11,13,15,17,19
```

下面是另一个使用 filter() 方法的有趣案例：

```
function passing(num) {
   return num >= 60;
}

var grades = [];
for (var i = 0; i < 20; ++i) {
   grades[i] = Math.floor(Math.random() * 101);
}
var passGrades = grades.filter(passing);
print("All grades: );
print(grades);
print("Passing grades: ");
print(passGrades);
```

程序显示：

```
All grades:
39,43,89,19,46,54,48,5,13,31,27,95,62,64,35,75,79,88,73,74
Passing grades:
89,95,62,64,75,79,88,73,74
```

当然，还可以使用 filter() 方法过滤字符串数组，下面这个例子过滤掉了那些不包含“cie”的单词：

```
function afterc(str) {
```

```
    if (str.indexOf("cie") > -1) {
        return true;
    }
    return false;
}

var words = ["recieve","deceive","percieve","deceit","concieve"];
var misspelled = words.filter(afterc);
print(misspelled); // 显示 recieve,percieve,concieve
```

2.6 二维和多维数组

JavaScript 只支持一维数组，但是通过在数组里保存数组元素的方式，可以轻松创建多维数组。本节将讨论如何在 JavaScript 中创建二维数组。

2.6.1 创建二维数组

二维数组类似一种由行和列构成的数据表格。在 JavaScript 中创建二维数组，需要先创建一个数组，然后让数组的每个元素也是一个数组。最起码，我们需要知道二维数组要包含多少行，有了这个信息，就可以创建一个 *n* 行 1 列的二维数组了：

```
var twod = [];
var rows = 5;
for (var i = 0; i < rows; ++i) {
    twod[i] = [];
}
```

这样做的问题是，数组中的每个元素都是 undefined。更好的方式是遵照 *JavaScript: The Good Parts*（O'Reilly）一书第 64 页的例子，Crockford 通过扩展 JavaScript 数组对象，为其增加了一个新方法，该方法根据传入的参数，设定了数组的行数、列数和初始值。下面是这个方法的定义：

```
Array.matrix = function(numrows, numcols, initial) {
    var arr = [];
    for (var i = 0; i < numrows; ++i) {
        var columns = [];
        for (var j = 0; j < numcols; ++j) {
            columns[j] = initial;
        }
    arr[i] = columns;
    }
    return arr;
}
```

下面是测试该方法的一些测试代码：

```
var nums = Array.matrix(5,5,0);
print(nums[1][1]); // 显示 0
```

```
var names = Array.matrix(3,3,"");
names[1][2] = "Joe";
print(names[1][2]); // display"Joe"
```

还可以仅用一行代码就创建并且使用一组初始值来初始化一个二维数组：

```
var grades = [[89, 77, 78],[76, 82, 81],[91, 94, 89]];
print(grades[2][2]); // 显示 89
```

对于小规模的数据，这是创建二维数组最简单的方式。

2.6.2 处理二维数组的元素

处理二维数组中的元素，有两种最基本的方式：按列访问和按行访问。我们将使用前面创建的数组 grades 来展示这两种方式的工作原理。

对于两种方式，我们均使用一组嵌入式的 for 循环。对于按列访问，外层循环对应行，内层循环对应列。以数组 grades 为例，每一行对应一个学生的成绩记录。我们可以将该学生的所有成绩相加，然后除以科目数得到该学生的平均成绩。下面的代码展示了这一过程：

```
var grades = [[89, 77, 78],[76, 82, 81],[91, 94, 89]];
var total = 0;
var average = 0.0;
for (var row = 0; row < grades.length; ++row) {
   for (var col = 0; col < grades[row].length; ++col) {
      total += grades[row][col];
   }
   average = total / grades[row].length;
   print("Student " + parseInt(row+1) + " average: " +
         average.toFixed(2));
   total = 0;
   average = 0.0;
}
```

内层循环由下面这个表达式控制：

```
col < grades[row].length
```

这个表达式之所以可行，是因为每一行都是一个数组，我们可以使用数组的 length 属性判断每行包含多少列。

以下为程序的输出：

```
Student 1 average: 81.33
Student 2 average: 79.67
Student 3 average: 91.33
```

对于按行访问，只需要稍微调整 for 循环的顺序，使外层循环对应列，内层循环对应行即可。下面的程序计算了一个学生各科的平均成绩：

```
var grades = [[89, 77, 78],[76, 82, 81],[91, 94, 89]];
var total = 0;
var average = 0.0;
for (var col = 0; col < grades.length; ++col) {
   for (var row = 0; row < grades[col].length; ++row) {
      total += grades[row][col];
   }


   average = total / grades[col].length;
   print("Test " + parseInt(col+1) + " average: " +
         average.toFixed(2));
   total = 0;
   average = 0.0;
}
```

该程序的输出为：

```
Test 1 average: 85.33
Test 2 average: 84.33
Test 3 average: 82.67
```

2.6.3　参差不齐的数组

*参差不齐*的数组是指数组中每行的元素个数彼此不同。有一行可能包含三个元素，另一行可能包含五个元素，有些行甚至只包含一个元素。很多编程语言在处理这种参差不齐的数组时表现都不是很好，但是 JavaScript 却表现良好，因为每一行的长度是可以通过计算得到的。

为了给个示例，假设数组 grades 中，每个学生成绩记录的个数是不一样的，不用修改代码，依然可以正确计算出正确的平均分：

```
var grades = [[89, 77],[76, 82, 81],[91, 94, 89, 99]];
var total = 0;
var average = 0.0;
for (var row = 0; row < grades.length; ++row) {
   for (var col = 0; col < grades[row].length; ++col) {
      total += grades[row][col];
   }
   average = total / grades[row].length;
   print("Student " + parseInt(row+1) + " average: " + average.toFixed(2));
   total = 0;
   average = 0.0;
}
```

注意第一名同学只有两门课的成绩，而第二名同学有三门课的成绩，第三名同学有四门课的成绩。因为程序在内层的 for 循环中计算了每个数组的长度，即使数组中每一行的长度不一，程序依然不会出什么问题。该段程序的输出为：

```
Student 1 average: 83.00
Student 2 average: 79.67
Student 3 average: 93.25
```

2.7 对象数组

到现在为止，本章讨论的数组都只包含基本数据类型的元素，比如数字和字符串。数组还可以包含对象，数组的方法和属性对对象依然适用。

请看下面的例子：

```
function Point(x,y) {
   this.x = x;
   this.y = y;
}

function displayPts(arr) {
   for (var i = 0; i < arr.length; ++i) {
      print(arr[i].x + ", " + arr[i].y);
   }
}

var p1 = new Point(1,2);
var p2 = new Point(3,5);
var p3 = new Point(2,8);
var p4 = new Point(4,4);
var points = [p1,p2,p3,p4];
for (var i = 0; i < points.length; ++i) {
   print("Point " + parseInt(i+1) + ": " + points[i].x + ", " + points[i].y);
}
var p5 = new Point(12,-3);
points.push(p5);
print("After push: ");
displayPts(points);
points.shift();
print("After shift: ");
displayPts(points);
```

这段程序的输出为：

```
Point 1: 1, 2
Point 2: 3, 5
Point 3: 2, 8
Point 4: 4, 4
After push:
1, 2
3, 5
2, 8
4, 4
12, -3
After shift:
3, 5
```

```
2, 8
4, 4
12, -3
```

使用 push() 方法将点 (12, −3) 添加进数组，使用 shift() 方法将点 (1, 2) 从数组中移除。

2.8 对象中的数组

在对象中，可以使用数组存储复杂的数据。本书中讨论的很多数据都被实现成一个对象，对象内部使用数组保存数据。

下面的例子展示了书中用到的很多技术。在例子中，我们创建了一个对象，用于保存观测到的周最高气温。该对象有两个方法，一个方法用来增加一条新的气温记录，另外一个方法用来计算存储在对象中的平均气温。代码如下所示：

```
function weekTemps() {
   this.dataStore = [];
   this.add = add;
   this.average = average;
}

function add(temp) {
   this.dataStore.push(temp);
}

function average() {
   var total = 0;
   for (var i = 0; i < this.dataStore.length; ++i) {
      total += this.dataStore[i];
   }
   return total / this.dataStore.length;
}

var thisWeek = new weekTemps();
thisWeek.add(52);
thisWeek.add(55);
thisWeek.add(61);
thisWeek.add(65);
thisWeek.add(55);
thisWeek.add(50);
thisWeek.add(52);
thisWeek.add(49);
print(thisWeek.average()); // 显示 54.875
```

add() 方法中用到了数组的 push() 方法，将元素添加到数组 dataStore 中，为什么这个方法名要叫 add() 而不是 push()？这是因为在定义方法时，使用一个更直观的名字是常用的技巧，不是所有人都知道 push 一个元素是什么意思，但是所有人都知道 add 一个元素是什么意思。

2.9 练习

1. 创建一个记录学生成绩的对象，提供一个添加成绩的方法，以及一个显示学生平均成绩的方法。

2. 将一组单词存储在一个数组中，并按正序和倒序分别显示这些单词。

3. 修改本章前面出现过的 `weekTemps` 对象，使它可以使用一个二维数组来存储每月的有用数据。增加一些方法用以显示月平均数、具体某一周平均数和所有周的平均数。

4. 创建这样一个对象，它将字母存储在一个数组中，并且用一个方法可以将字母连在一起，显示成一个单词。

第 3 章

列表

在日常生活中，人们经常使用列表：待办事项列表、购物清单、十佳榜单、最后十名榜单等。计算机程序也在使用列表，尤其是列表中保存的元素不是太多时。当不需要在一个很长的序列中查找元素，或者对其进行排序时，列表显得尤为有用。反之，如果数据结构非常复杂，列表的作用就没有那么大了。

本章展示了如何创建一个简单的列表类。我们首先给出列表的抽象数据类型定义，然后描述如何实现该抽象数据类型（ADT）。最后，分析几个列表适合解决的实际问题。

3.1 列表的抽象数据类型定义

为了设计列表的抽象数据类型，需要给出列表的定义，包括列表应该拥有哪些属性，应该在列表上执行哪些操作。

列表是一组有序的数据。每个列表中的数据项称为*元素*。在 JavaScript 中，列表中的元素可以是任意数据类型。列表中可以保存多少元素并没有事先限定，实际使用时元素的数量受到程序内存的限制。

不包含任何元素的列表称为空列表。列表中包含元素的个数称为列表的 `length`。在内部实现上，用一个变量 `listSize` 保存列表中元素的个数。可以在列表末尾 `append` 一个元素，也可以在一个给定元素后或列表的起始位置 `insert` 一个元素。使用 `remove` 方法从列表中删除元素，使用 `clear` 方法清空列表中所有的元素。

还可以使用 `toString()` 方法显示列表中所有的元素，使用 `getElement()` 方法显示当前元素。

列表拥有描述元素位置的属性。列表有前有后（分别对应 front 和 end)。使用 next() 方法可以从当前元素移动到下一个元素，使用 prev() 方法可以移动到当前元素的前一个元素。还可以使用 moveTo(n) 方法直接移动到指定位置，这里的 *n* 表示要移动到第 *n* 个位置。currPos 属性表示列表中的当前位置。

列表的抽象数据类型并未指明列表的存储结构，在本章的实现中，我们使用一个数组 dataStore 来存储元素。

表 3-1 展示了列表的完整抽象数据类型定义。

表3-1：列表的抽象数据类型定义

listSize（属性）	列表的元素个数
pos（属性）	列表的当前位置
length（属性）	返回列表中元素的个数
clear（方法）	清空列表中的所有元素
toString（方法）	返回列表的字符串形式
getElement（方法）	返回当前位置的元素
insert（方法）	在现有元素后插入新元素
append（方法）	在列表的末尾添加新元素
remove（方法）	从列表中删除元素
front（方法）	将列表的当前位置移动到第一个元素
end（方法）	将列表的当前位置移动到最后一个元素
prev（方法）	将当前位置后移一位
next（方法）	将当前位置前移一位
hasNext（方法）	判断后一位
hasPrev（方法）	判断前一位
currPos（方法）	返回列表的当前位置
moveTo（方法）	将当前位置移动到指定位置

3.2 实现列表类

根据上面定义的列表抽象数据类型，可以直接实现一个 List 类。让我们从定义构造函数开始，虽然它本身并不是列表抽象数据类型定义的一部分：

```
function List() {
   this.listSize = 0;
   this.pos = 0;
   this.dataStore = []; // 初始化一个空数组来保存列表元素
   this.clear = clear;
   this.find = find;
   this.toString = toString;
   this.insert = insert;
   this.append = append;
```

```
    this.remove = remove;
    this.front = front;
    this.end = end;
    this.prev = prev;
    this.next = next;
    this.hasNext;
    this.hasPrev;
    this.length = length;
    this.currPos = currPos;
    this.moveTo = moveTo;
    this.getElement = getElement;
    this.contains = contains;
}
```

3.2.1 append：给列表添加元素

我们要实现的第一个方法是 append()，该方法给列表的下一个位置增加一个新的元素，这个位置刚好等于变量 listSize 的值：

```
function append(element) {
   this.dataStore[this.listSize++] = element;
}
```

当新元素就位后，变量 listSize 加 1。

3.2.2 remove：从列表中删除元素

接下来，让我们看看如何从列表中删除一个元素。remove() 方法是 cList 类中较难实现的一个方法。首先，需要在列表中找到该元素，然后删除它，并且调整底层的数组对象以填补删除该元素后留下的空白。好消息是，可以使用 splice() 方法简化这一过程。让我们先从一个辅助方法 find() 开始，该方法用于查找要删除的元素：

```
function find(element) {
   for (var i = 0; i < this.dataStore.length; ++i) {
      if (this.dataStore[i] == element) {
         return i;
      }
   }
   return -1;
}
```

3.2.3 find：在列表中查找某一元素

find() 方法通过对数组对象 dataStore 进行迭代，查找给定的元素。如果找到，就返回该元素在列表中的位置，否则返回 -1，这是在数组中找不到指定元素时返回的标准值。我们可以在 remove() 方法中利用此值做错误校验。

remove() 方法使用 find() 方法返回的位置对数组 dataStore 进行截取。数组改变后，将变量 listSize 的值减 1，以反映列表的最新长度。如果元素删除成功，该方法返回 true，否则返回 false。代码如下所示：

```
function remove(element) {
   var foundAt = this.find(element);
   if (foundAt > -1) {
      this.dataStore.splice(foundAt,1);
      --this.listSize;
      return true;
   }
   return false;
}
```

3.2.4 length：列表中有多少个元素

length() 方法返回列表中元素的个数：

```
function length() {
   return this.listSize;
}
```

3.2.5 toString：显示列表中的元素

现在是时候创建一个方法，用来显示列表中的元素了。下面是一段简单的代码，实现了 toString() 方法：

```
function toString() {
   return this.dataStore;
}
```

严格说来，该方法返回的是一个数组，而不是一个字符串，但它的目的是为了显示列表的当前状态，因此返回一个数组就足够了。

让我们暂且从实现 cList 类的工作中偷得浮生半日闲，来看看这个类目前表现如何。下面是一个简短的测试代码，检验了我们之前创建的方法：

```
var names = new List();
names.append("Cynthia");
names.append("Raymond");
names.append("Barbara");
print(names.toString());
names.remove("Raymond");
print(names.toString());
```

该程序的输出为：

```
Cynthia,Raymond,Barbara
Cynthia,Barbara
```

3.2.6 insert：向列表中插入一个元素

接下来要讨论的方法是 insert()。如果在前面的列表中删除了 Raymond，但是现在又想将它放回原来的位置，该怎么办？ insert() 方法需要知道将元素插入到什么位置，因此现在我们假设插入是指插入到列表中某个元素之后。知道了这些，就可以定义 insert() 方法了：

```
function insert(element, after) {
   var insertPos = this.find(after);
   if (insertPos > -1) {
      this.dataStore.splice(insertPos+1, 0, element);
      ++this.listSize;
      return true;
   }
   return false;
}
```

在实现中，insert() 方法用到了 find() 方法，find() 方法会寻找传入的 after 参数在列表中的位置，找到该位置后，使用 splice() 方法将新元素插入该位置之后，然后将变量 listSize 加 1 并返回 true，表明插入成功。

3.2.7 clear：清空列表中所有的元素

接下来，我们需要一个方法清空列表中的所有元素，为插入新元素腾出空间：

```
function clear() {
   delete this.dataStore;
   this.dataStore.length = 0
   this.listSize = this.pos = 0;
}
```

clear() 方法使用 delete 操作符删除数组 dataStore，接着在下一行创建一个空数组。最后一行将 listSize 和 pos 的值设为 1，表明这是一个新的空列表。

3.2.8 contains：判断给定值是否在列表中

当需要判断一个给定值是否在列表中时，contains() 方法就变得很有用。下面是该方法的定义：

```
function contains(element) {
   for (var i = 0; i < this.dataStore.length; ++i) {
      if (this.dataStore[i] == element) {
         return true;
      }
   }
   return false;
}
```

3.2.9 遍历列表

最后的一组方法允许用户在列表上自由移动，最后一个方法 getElement() 返回列表的当前元素：

```
function front() {
   this.pos = 0;
}

function end() {
   this.pos = this.listSize-1;
}

function prev() {
  --this.pos;
}

function next() {
   if (this.pos < this.listSize) {
      ++this.pos;
   }
}

function currPos() {
   return this.pos;
}

function moveTo(position) {
   this.pos = position;
}

function getElement() {
   return this.dataStore[this.pos];
}

function hasNext() {
   return this.pos<this.list Size;
}

function hasPrev() {
   return this.pos >= 0;
}
```

让我们创建一个由姓名组成的列表，来展示怎么使用这些方法：

```
var names = new List();
names.append("Clayton");
names.append("Raymond");
names.append("Cynthia");
names.append("Jennifer");
names.append("Bryan");
names.append("Danny");
```

现在移动到列表中的第一个元素并且显示它：

```
names.front();
print(names.getElement()); // 显示 Clayton
```

接下来向前移动一个单位并且显示它：

```
names.next();
print(names.getElement()); // 显示 Raymond
```

现在，让我们先向前移动两次，然后向后移动一次，显示出当前元素，看看 prev() 方法的工作原理：

```
names.next();
names.next();
names.prev();
print(names.getElement()); // 显示 Cynthia
```

上述代码段展示的这些行为实际上是迭代器的概念，这也是接下来要讨论的内容。

3.3 使用迭代器访问列表

使用迭代器，可以不必关心数据的内部存储方式，以实现对列表的遍历。前面提到的方法 front()、end()、prev()、next() 和 currPos 就实现了 cList 类的一个迭代器。以下是和使用数组索引的方式相比，使用迭代器的一些优点。

- 访问列表元素时不必关心底层的数据存储结构。
- 当为列表添加一个元素时，索引的值就不对了，此时只用更新列表，而不用更新迭代器。
- 可以用不同类型的数据存储方式实现 cList 类，迭代器为访问列表里的元素提供了一种统一的方式。

了解了这些优点后，来看一个使用迭代器遍历列表的例子：

```
for(names.front(); names.hasNext(); names.next()) {
    print(names.getElement());
}
```

在 for 循环的一开始，将列表的当前位置设置为第一个元素。只要 currPos 的值小于列表的长度，就一直循环，每一次循环都调用 next() 方法将当前位置向前移动一位。

同理，还可以从后向前遍历列表，代码如下：

```
for(names.end(); names.hasPrev(); names.prev()) {
   print(names.getElement());
}
```

循环从列表的最后一个元素开始，当当前位置大于或等于 0 时，调用 prev() 方法后移一位。

迭代器只是用来在列表上随意移动，而不应该和任何为列表增加或删除元素的方法一起使用。

3.4　一个基于列表的应用

为了展示如何使用列表，我们将实现一个类似 Redbox 的影碟租赁自助查询系统。

3.4.1　读取文本文件

为了得到商店内的影碟清单，我们需要将数据从文件中读进来。首先，使用一个文本编辑器输入现有影碟清单，假设将该文件保存为 films.txt。该文件的内容如下（这是由 IMDB 用户在 2013 年 10 月 5 日选出的 20 部最佳影片）。

(1) *The Shawshank Redemption*（《肖申克的救赎》）
(2) *The Godfather*（《教父》）
(3) *The Godfather: Part II*（《教父 2》）
(4) *Pulp Fiction*（《低俗小说》）
(5) *The Good, the Bad and the Ugly*（《黄金三镖客》）
(6) *12 Angry Men*（《十二怒汉》）
(7) *Schindler's List*（《辛德勒名单》）
(8) *The Dark Knight*（《黑暗骑士》）
(9) *The Lord of the Rings: The Return of the King*（《指环王：王者归来》）
(10) *Fight Club*（《搏击俱乐部》）
(11) *Star Wars: Episode V - The Empire Strikes Back*（《星球大战 5：帝国反击战》）
(12) *One Flew Over the Cuckoo's Nest*（《飞越疯人院》）
(13) *The Lord of the Rings: The Fellowship of the Ring*（《指环王：护戒使者》）
(14) *Inception*（《盗梦空间》）
(15) *Goodfellas*（《好家伙》）
(16) *Star Wars*（《星球大战》）
(17) *Seven Samurai*（《七武士》）
(18) *The Matrix*（《黑客帝国》）
(19) *Forrest Gump*（《阿甘正传》）
(20) *City of God*（《上帝之城》）

现在，我们需要一段程序来读取文件内容：

```
var movies = read(films.txt).split("\n");
```

这一行代码做了两件事。首先，它通过调用函数 `read(films.txt)` 读取了文本文件的内容；其次，它将读进来的内容按照换行符分成了不同行，然后保存到数组 `movies` 中。

这行程序挺管用，但还谈不上完美。当读进来的内容被分割成数组后，换行符被替换成空格。多一个空格看起来无伤大雅，但是在比较字符串时却是个灾难。因此，我们需要在循环里，使用 trim() 方法删除每个数组元素末尾的空格。要是有一个函数能把这些操作封装起来那是再好不过了，那就让我们定义一个这样的方法吧。从文件中读入数据，然后将结果保存到一个数组中：

```
function createArr(file) {
   var arr = read(file).split("\n");
   for (var i = 0; i < arr.length; ++i) {
      arr[i] = arr[i].trim();
   }
   return arr;
}
```

3.4.2 使用列表管理影碟租赁

下一步要将数组 movies 中的元素保存到一个列表中。代码如下：

```
var movieList = new List();
for (var i = 0; i < movies.length; ++i) {
   movieList.append(movies[i]);
}
```

现在可以写一个函数来显示影碟店里现有的影碟清单了：

```
function displayList(list) {
   for (list.front(); list.currPos() < list.length(); list.next()) {
      print(list.getElement());
   }
}
```

displayList() 函数对于原生的数据类型没什么问题，比如由字符串组成的列表。但是它用不了自定义类型，比如我们将在下面定义的 Customer 对象。让我们对它稍作修改，让它可以发现列表是由 Customer 对象组成的，这样就可以对应地对其进行显示了。下面是重新定义的 displayList() 函数：

```
function displayList(list) {
   for (list.front(); list.currPos() < list.length(); list.next()) {
      if (list.getElement() instanceof Customer) {
         print(list.getElement()["name"] + ", " +
              list.getElement()["movie"]);
      }
      else {
         print(list.getElement());
      }
   }
}
```

对于列表中的每一个元素，都使用 instanceof 操作符判断该元素是否是 Customer 对象。

如果是，就使用 name 和 movie 做索引，得到客户检出的相应条目的值；如果不是，返回该元素即可。

现在已经有了列表 movies，还需要创建一个新列表 customers，用来保存在系统中检出电影的客户：

```
var customers = new List();
```

该列表包含 Customer 对象，该对象由用户的姓名和用户检出的电影组成。下面是 Customer 对象的构造函数：

```
function Customer(name, movie) {
   this.name = name;
   this.movie = movie;
}
```

接下来，需要创建一个允许客户检出电影的函数。该函数有两个参数：客户姓名和客户想要检出的电影。如果该电影目前可以租赁，该方法会从影碟店的影碟清单里删除该元素，同时加入客户列表 customers。这个操作会用到列表的 contains() 方法。

下面是用于检出电影的函数定义：

```
function checkOut(name, movie, movieList, customerList) {
   if (movieList.contains(movie)) {
      var c = new Customer(name, movie);
      customerList.append(c);
      movieList.remove(movie);
   }
   else {
      print(movie + " is not available.");
   }
}
```

该方法首先查询想要租赁的电影是否存在，如果可以，就创建一个新的 Customer 对象，该对象包含影片名称和客户姓名。然后将该对象加入客户列表，并且从影碟列表中删除该影片。如果影片暂时不存在，则显示一行简短的提示。

可以用下列简单代码测试 checkOut() 函数：

```
var movies = createArr("films.txt");
var movieList = new List();
var customers = new List();
for (var i = 0; i < movies.length; ++i) {
   movieList.append(movies[i]);
}
print("Available movies: \n");
displayList(movieList);
checkOut("Jane Doe", "The Godfather", movieList, customers);
print("\nCustomer Rentals: \n");
displayList(customers);
```

输出显示 "The Godfather" 从影碟列表中删除了，跟着又被加入了客户列表中。

让我们给程序加些标题，让输出更易阅读，同时再加上一点带有交互性质的输入：

```
var movies = createArr("films.txt");
var movieList = new List();
var customers = new List();
for (var i = 0; i < movies.length; ++i) {
   movieList.append(movies[i]);
}
print("Available movies: \n");
displayList(movieList);
putstr("\nEnter your name: ");
var name = readline();
putstr("What movie would you like? ");
var movie = readline();
checkOut(name, movie, movieList, customers);
print("\nCustomer Rentals: \n");
displayList(customers);
print("\nMovies Now Available\n");
displayList(movieList);
```

程序输出如下：

```
Available movies:

The Shawshank Redemption
The Godfather
The Godfather: Part II
Pulp Fiction
The Good, the Bad and the Ugly
12 Angry Men
Schindler's List
The Dark Knight
The Lord of the Rings: The Return of the King
Fight Club
Star Wars: Episode V - The Empire Strikes Back
One Flew Over the Cuckoo's Nest
The Lord of the Rings: The Fellowship of the Ring
Inception
Goodfellas
Star Wars
Seven Samurai
The Matrix
Forrest Gump
City of God

Enter your name: Jane Doe
What movie would you like? The Godfather

Customer Rentals:

Jane Doe, The Godfather
```

```
Movies Now Available

The Shawshank Redemption
The Godfather: Part II
Pulp Fiction
The Good, the Bad and the Ugly
12 Angry Men
Schindler's List
The Dark Knight
The Lord of the Rings: The Return of the King
Fight Club
Star Wars: Episode V - The Empire Strikes Back
One Flew Over the Cuckoo's Nest
The Lord of the Rings: The Fellowship of the Ring
Inception
Goodfellas
Star Wars
Seven Samurai
The Matrix
Forrest Gump
City of God
```

我们还可以给程序加入一些其他功能让系统更健壮，这些将作为练习留给大家去实现。

3.5 练习

1. 增加一个向列表中插入元素的方法，该方法只在待插元素大于列表中的所有元素时才执行插入操作。这里的大于有多重含义，对于数字，它是指数值上的大小；对于字母，它是指在字母表中出现的先后顺序。

2. 增加一个向列表中插入元素的方法，该方法只在待插元素小于列表中的所有元素时才执行插入操作。

3. 创建 `Person` 类，该类用于保存人的姓名和性别信息。创建一个至少包含 10 个 `Person` 对象的列表。写一个函数显示列表中所有拥有相同性别的人。

4. 修改本章的影碟租赁程序，当一部影片检出后，将其加入一个已租影片列表。每当有客户检出一部影片，都显示该列表中的内容。

5. 为影碟租赁程序创建一个 `check-in()` 函数，当客户归还一部影片时，将该影片从已租列表中删除，同时添加到现有影片列表中。

第 4 章

栈

列表是一种最自然的数据组织方式。上一章已经介绍如何使用 `List` 类将数据组织成一个列表。如果数据存储的顺序不重要，也不必对数据进行查找，那么列表就是一种再好不过的数据结构。对于其他一些应用，列表就显得太过简陋了，我们需要某种和列表类似但是更复杂的数据结构。

栈就是和列表类似的一种数据结构，它可用来解决计算机世界里的很多问题。栈是一种高效的数据结构，因为数据只能在栈顶添加或删除，所以这样的操作很快，而且容易实现。栈的使用遍布程序语言实现的方方面面，从表达式求值到处理函数调用。

4.1　对栈的操作

栈是一种特殊的列表，栈内的元素只能通过列表的一端访问，这一端称为栈顶。咖啡厅内的一摞盘子是现实世界中常见的栈的例子。只能从最上面取盘子，盘子洗净后，也只能摞在这一摞盘子的最上面。栈被称为一种后入先出（LIFO，last-in-first-out）的数据结构。

由于栈具有后入先出的特点，所以任何不在栈顶的元素都无法访问。为了得到栈底的元素，必须先拿掉上面的元素。

对栈的两种主要操作是将一个元素压入栈和将一个元素弹出栈。入栈使用 `push()` 方法，出栈使用 `pop()` 方法。图 4-1 演示了入栈和出栈的过程。

另一个常用的操作是预览栈顶的元素。`pop()` 方法虽然可以访问栈顶的元素，但是调用该方法后，栈顶元素也从栈中被永久性地删除了。`peek()` 方法则只返回栈顶元素，而不删除它。

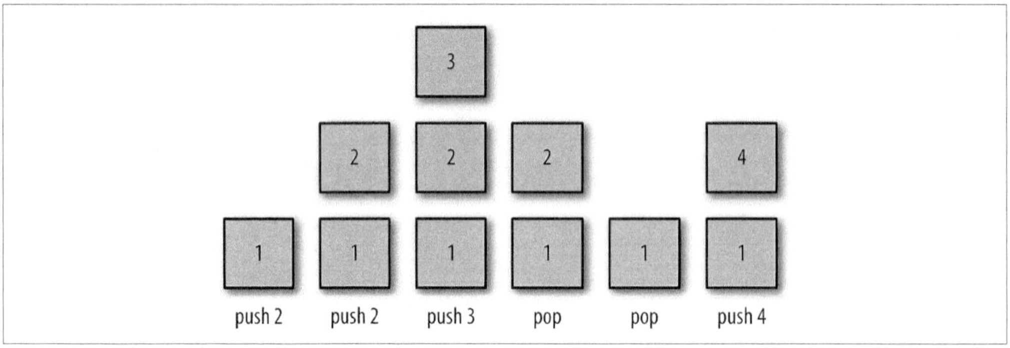

图 4-1：入栈和出栈

为了记录栈顶元素的位置，同时也为了标记哪里可以加入新元素，我们使用变量 top，当向栈内压入元素时，该变量增大；从栈内弹出元素时，该变量减小。

push()、pop() 和 peek() 是栈的 3 个主要方法，但是栈还有其他方法和属性。clear() 方法清除栈内所有元素，length 属性记录栈内元素的个数。我们还定义了一个 empty 属性，用以表示栈内是否含有元素，不过使用 length 属性也可以达到同样的目的。

4.2 栈的实现

实现一个栈，当务之急是决定存储数据的底层数据结构。这里采用的是数组。

我们的实现以定义 Stack 类的构造函数开始：

```
function Stack() {
   this.dataStore = [];
   this.top = 0;
   this.push = push;
   this.pop = pop;
   this.peek = peek;
}
```

我们用数组 dataStore 保存栈内元素，构造函数将其初始化为一个空数组。变量 top 记录栈顶位置，被构造函数初始化为 0，表示栈顶对应数组的起始位置 0。如果有元素被压入栈，该变量的值将随之变化。

先来实现 push() 方法。当向栈中压入一个新元素时，需要将其保存在数组中变量 top 所对应的位置，然后将 top 值加 1，让其指向数组中下一个空位置。代码如下所示：

```
function push(element) {
   this.dataStore[this.top++] = element;
}
```

这里要特别注意 ++ 操作符的位置，它放在 this.top 的后面，这样新入栈的元素就被放在 top 的当前值对应的位置，然后再将变量 top 的值加 1，指向下一个位置。

pop() 方法恰好与 push() 方法相反——它返回栈顶元素，同时将变量 top 的值减 1：

```
function pop() {
    return this.dataStore[--this.top];
}
```

peek() 方法返回数组的第 top-1 个位置的元素，即栈顶元素：

```
function peek() {
        return this.dataStore[this.top-1];
}
```

如果对一个空栈调用 peek() 方法，结果为 undefined。这是因为栈是空的，栈顶没有任何元素。

有时候需要知道栈内存储了多少个元素。length() 方法通过返回变量 top 值的方式返回栈内的元素个数：

```
function length() {
        return this.top;
}
```

最后，可以将变量 top 的值设为 0，轻松清空一个栈：

```
function clear() {
        this.top = 0;
}
```

例 4-1 展示了 Stack 类的完整实现。

例 4-1　Stack 类

```
function Stack() {
   this.dataStore = [];
   this.top = 0;
   this.push = push;
   this.pop = pop;
   this.peek = peek;
   this.clear = clear;
   this.length = length;
}

function push(element) {
   this.dataStore[this.top++] = element;
}

function peek() {
   return this.dataStore[this.top-1];
```

```
    }

    function pop() {
       return this.dataStore[--this.top];
    }

    function clear() {
       this.top = 0;
    }

    function length() {
       return this.top;
    }
```

例 4-2 是测试该实现的代码。

例 4-2　测试 Stack 类的实现

```
var s = new Stack();
s.push("David");
s.push("Raymond");
s.push("Bryan");
print("length: " + s.length());
print(s.peek());
var popped = s.pop();
print("The popped element is: " + popped);
print(s.peek());
s.push("Cynthia");
print(s.peek());
s.clear();
print("length: " + s.length());
print(s.peek());
s.push("Clayton");
print(s.peek());
```

测试代码输出结果为：

```
length: 3
Bryan
The popped element is: Bryan
Raymond
Cynthia
length: 0
undefined
Clayton
```

倒数第二行返回 undefined，这是因为栈被清空后，栈顶就没值了，这时使用 peek() 方法预览栈顶元素，自然得到 undefined。

4.3　使用Stack类

有一些问题特别适合用栈来解决。本节就介绍几个这样的例子。

4.3.1 数制间的相互转换

可以利用栈将一个数字从一种数制转换成另一种数制。假设想将数字 *n* 转换为以 *b* 为基数的数字，实现转换的算法如下。

(1) 最高位为 *n* % *b*，将此位压入栈。

(2) 使用 *n*/*b* 代替 *n*。

(3) 重复步骤 1 和 2，直到 *n* 等于 0，且没有余数。

(4) 持续将栈内元素弹出，直到栈为空，依次将这些元素排列，就得到转换后数字的字符串形式。

> 此算法只针对基数为 2~9 的情况。

使用栈，在 JavaScript 中实现该算法就是小菜一碟。下面就是该函数的定义，可以将数字转化为二至九进制的数字：

```
function mulBase(num, base) {
   var s = new Stack();
   do {
      s.push(num % base);
      num = Math.floor(num /= base);
   } while (num > 0);
   var converted = "";
   while (s.length() > 0) {
      converted += s.pop();
   }
   return converted;
}
```

例 4-3 展示了如何使用该方法将数字转换为二进制和八进制数。

例 4-3　将数字转换为二进制和八进制

```
function mulBase(num, base) {
   var s = new Stack();
   do {
      s.push(num % base);
      num = Math.floor(num /= base);
   } while (num > 0);
   var converted = "";
   while (s.length() > 0) {
      converted += s.pop();
   }
   return converted;
}

var num = 32;
```

```
var base = 2;
var newNum = mulBase(num, base);
print(num + " converted to base " + base + " is " + newNum);
num = 125;
base = 8;
var newNum = mulBase(num, base);
print(num + " converted to base " + base + " is " + newNum);
```

输出为：

```
32 converted to base 2 is 100000
125 converted to base 8 is 175
```

4.3.2 回文

回文是指这样一种现象：一个单词、短语或数字，从前往后写和从后往前写都是一样的。比如，单词“dad”、“racecar”就是回文；如果忽略空格和标点符号，下面这个句子也是回文，“A man, a plan, a canal: Panama”；数字 1001 也是回文。

使用栈，可以轻松判断一个字符串是否是回文。我们将拿到的字符串的每个字符按从左至右的顺序压入栈。当字符串中的字符都入栈后，栈内就保存了一个反转后的字符串，最后的字符在栈顶，第一个字符在栈底，如图 4-2 所示。

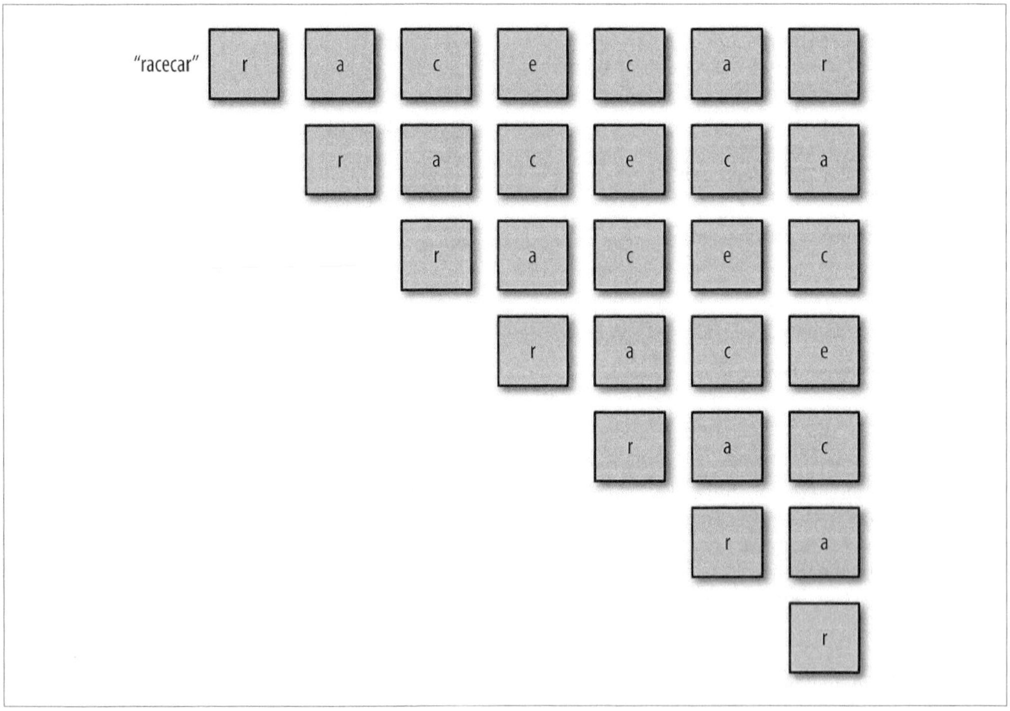

图 4-2：使用栈判断一个单词是否是回文

字符串完整压入栈内后，通过持续弹出栈中的每个字母就可以得到一个新字符串，该字符串刚好与原来的字符串顺序相反。我们只需要比较这两个字符串即可，如果它们相等，就是一个回文。

例 4-4 是一个利用前面定义的 Stack 类，判断给定字符串是否是回文的程序。

例 4-4　判断给定字符串是否是回文

```
function isPalindrome(word) {
   var s = new Stack();
   for (var i = 0; i < word.length; ++i) {
      s.push(word[i]);
   }
   var rword = "";
   while (s.length() > 0) {
      rword += s.pop();
   }
   if (word == rword) {
      return true;
   }
   else {
      return false;
   }
}

var word = "hello";
if (isPalindrome(word)) {
   print(word + " is a palindrome.");
}
else {
   print(word + " is not a palindrome.");
}
word = "racecar"
if (isPalindrome(word)) {
   print(word + " is a palindrome.");
}
else {
   print(word + " is not a palindrome.");
}
```

程序的输出为：

```
hello is not a palindrome.
racecar is a palindrome.
```

4.3.3　递归演示

栈常常被用来实现编程语言，使用栈实现递归即为一例。详细讲解如何使用栈来实现递归过程超出了本书范围，这里只用栈来模拟递归过程。如果你想学习更多关于递归的知识，那么阅读使用 JavaScript 讲解递归工作原理的网页（http://bit.ly/1enDGE3）是不错的起点。

为了演示如何用栈实现递归，考虑一下求阶乘函数的递归定义。首先看看 5 的阶乘是怎么定义的：

$$5! = 5 \times 4 \times 3 \times 2 \times 1 = 120$$

下面是一个递归函数，可以计算任何数字的阶乘：

```
function factorial(n) {
   if (n === 0) {
      return 1;
   }
   else {
      return n * factorial(n-1);
   }
}
```

使用该函数计算 5 的阶乘，返回 120。

使用栈来模拟计算 5! 的过程，首先将数字从 5 到 1 压入栈，然后使用一个循环，将数字挨个弹出连乘，就得到了正确的答案：120。例 4-5 包含了该函数和测试程序的代码。

例 4-5　使用栈模拟递归过程

```
function fact(n) {
   var s = new Stack();
   while (n > 1) {
      s.push(n--);
   }
   var product = 1;
   while (s.length() > 0) {
      product *= s.pop();
   }
   return product;
}

print(factorial(5)); // 显示 120
print(fact(5)); // 显示 120
```

4.4　练习

1. 栈可以用来判断一个算术表达式中的括号是否匹配。编写一个函数，该函数接受一个算术表达式作为参数，返回括号缺失的位置。下面是一个括号不匹配的算术表达式的例子：2.3 + 23 / 12 + (3.14159 × 0.24。

2. 一个算术表达式的后缀表达式形式如下：

   op1 op2 operator

   使用两个栈，一个用来存储操作数，另外一个用来存储操作符，设计并实现一个 JavaScript 函数，该函数可以将中缀表达式转换为后缀表达式，然后利用栈对该表达式求值。

3. 现实生活中栈的一个例子是佩兹糖果盒。想象一下你有一盒佩兹糖果，里面塞满了红色、黄色和白色的糖果，但是你不喜欢黄色的糖果。使用栈（有可能用到多个栈）写一段程序，在不改变盒内其他糖果叠放顺序的基础上，将黄色糖果移出。

第 5 章

队列

队列是一种列表，不同的是队列只能在队尾插入元素，在队首删除元素。队列用于存储按顺序排列的数据，先进先出，这点和栈不一样，在栈中，最后入栈的元素反而被优先处理。可以将队列想象成在银行前排队的人群，排在最前面的人第一个办理业务，新来的人只能在后面排队，直到轮到他们为止。

队列是一种先进先出（First-In-First-Out，FIFO）的数据结构。队列被用在很多地方，比如提交操作系统执行的一系列进程、打印任务池等，一些仿真系统用队列来模拟银行或杂货店里排队的顾客。

5.1 对队列的操作

队列的两种主要操作是：向队列中插入新元素和删除队列中的元素。插入操作也叫做入队，删除操作也叫做出队。入队操作在队尾插入新元素，出队操作删除队头的元素。图 5-1 演示了这两个操作。

队列的另外一项重要操作是读取队头的元素。这个操作叫做 `peek()`。该操作返回队头元素，但不把它从队列中删除。除了读取队头元素，我们还想知道队列中存储了多少元素，可以使用 `length` 属性满足该需求；要想清空队列中的所有元素，可以使用 `clear()` 方法来实现。

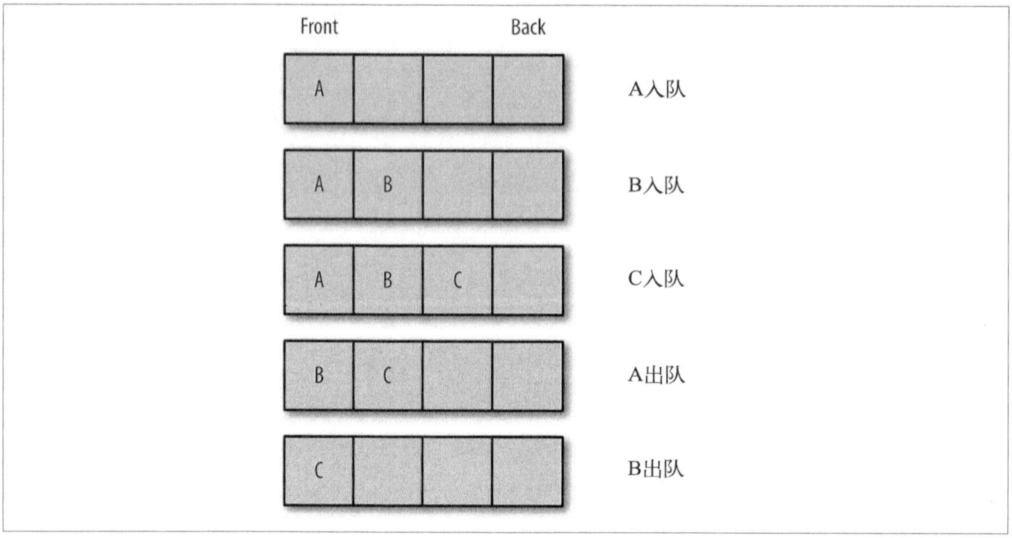

图 5-1：队列的插入和删除操作

5.2 一个用数组实现的队列

使用数组来实现队列看起来顺理成章。JavaScript 中的数组具有其他编程语言中没有的优点，数组的 push() 方法可以在数组末尾加入元素，shift() 方法则可删除数组的第一个元素。

push() 方法将它的参数插入数组中第一个开放的位置，该位置总在数组的末尾，即使是个空数组也是如此。请看下面的例子：

```
names = [];
name.push("Cynthia");
names.push("Jennifer");
print(names); // 显示 Cynthia,Jennifer
```

然后使用 shift() 方法删除数组的第一个元素：

```
names.shift();
print(names); // 显示 Jennifer
```

准备开始实现 Queue 类，先从构造函数开始：

```
function Queue() {
   this.dataStore = [];
   this.enqueue = enqueue;
   this.dequeue = dequeue;
   this.front = front;
   this.back = back;
   this.toString = toString;
   this.empty = empty;
}
```

enqueue() 方法向队尾添加一个元素：

```
function enqueue(element) {
   this.dataStore.push(element);
}
```

dequeue() 方法删除队首的元素：

```
function dequeue() {
   return this.dataStore.shift();
}
```

可以使用如下方法读取队首和队尾的元素：

```
function front() {
   return this.dataStore[0];
}

function back() {
   return this.dataStore[this.dataStore.length-1];
}
```

还需要 toString() 方法显示队列内的所有元素：

```
function toString() {
   var retStr = "";
   for (var i = 0; i < this.dataStore.length; ++i) {
      retStr += this.dataStore[i] + "\n";
   }
   return retStr;
}
```

最后，需要一个方法判断队列是否为空：

```
function empty() {
   if (this.dataStore.length == 0) {
      return true;
   }
   else {
      return false;
   }
}
```

例 5-1 展示了完整的 Queue 类定义和一些测试代码。

例 5-1　Queue 类的定义和测试代码

```
function Queue() {
   this.dataStore = [];
   this.enqueue = enqueue;
   this.dequeue = dequeue;
   this.front = front;
   this.back = back;
```

```
        this.toString = toString;
        this.empty = empty;
    }

    function enqueue(element) {
        this.dataStore.push(element);
    }

    function dequeue() {
        return this.dataStore.shift();
    }

    function front() {
        return this.dataStore[0];
    }

    function back() {
        return this.dataStore[this.dataStore.length-1];
    }

    function toString() {
        var retStr = "";
        for (var i = 0; i < this.dataStore.length; ++i) {
            retStr += this.dataStore[i] + "\n";
        }
        return retStr;
    }

    function empty() {
        if (this.dataStore.length == 0) {
            return true;
        }
        else {
            return false;
        }
    }

    // 测试程序

    var q = new Queue();
    q.enqueue("Meredith");
    q.enqueue("Cynthia");
    q.enqueue("Jennifer");
    print(q.toString());
    q.dequeue();
    print(q.toString());
    print("Front of queue: " + q.front());
    print("Back of queue: " + q.back());
```

输出为：

```
Meredith
Cynthia
Jennifer
```

```
Cynthia
Jennifer

Front of queue: Cynthia
Back of queue: Jennifer
```

5.3 使用队列：方块舞的舞伴分配问题

前面我们提到过，经常用队列模拟排队的人。下面我们使用队列来模拟跳方块舞的人。当男男女女来到舞池，他们按照自己的性别排成两队。当舞池中有地方空出来时，选两个队列中的第一个人组成舞伴。他们身后的人各自向前移动一位，变成新的队首。当一对舞伴迈入舞池时，主持人会大声喊出他们的名字。当一对舞伴走出舞池，且两排队伍中有任意一队没人时，主持人也会把这个情况告诉大家。

为了模拟这种情况，我们把跳方块舞的男男女女的姓名储存在一个文本文件中：

```
F Allison McMillan
M Frank Opitz
M Mason McMillan
M Clayton Ruff
F Cheryl Ferenback
M Raymond Williams
F Jennifer Ingram
M Bryan Frazer
M David Durr
M Danny Martin
F Aurora Adney
```

每个舞者信息都被存储在一个 Dancer 对象中：

```
function Dancer(name, sex) {
   this.name = name;
   this.sex = sex;
}
```

下面我们需要一个函数，将舞者信息从文件中读到程序里来：

```
function getDancers(males, females) {
   var names = read("dancers.txt").split("\n");
   for (var i = 0; i < names.length; ++i) {
      names[i] = names[i].trim();
   }
   for (var i = 0; i < names.length; ++i) {
      var dancer = names[i].split(" ");
      var sex = dancer[0];
      var name = dancer[1];
      if (sex == "F") {
         females.enqueue(new Dancer(name, sex));
      }
```

```
        else {
           males.enqueue(new Dancer(name, sex));
        }
     }
  }
```

舞者的姓名被从文件读入数组。然后 trim() 函数除去了每行字符串后的空格。第二个循环将每行字符串按性别和姓名分成两部分存入一个数组。然后根据性别，将舞者加入不同的队列。

下一个函数将男性和女性组成舞伴，并且宣布配对结果：

```
function dance(males, females) {
   print("The dance partners are: \n");
   while (!females.empty() && !males.empty()) {
      person = females.dequeue();
      putstr("Female dancer is: " + person.name);
      person = males.dequeue();
      print(" and the male dancer is: " + person.name);
   }
   print();
}
```

例 5-2 包括了前面所有的函数定义，还包括测试代码和 Queue 类的定义。

例 5-2　模拟方块舞

```
function Queue() {
   this.dataStore = [];
   this.enqueue = enqueue;
   this.dequeue = dequeue;
   this.front = front;
   this.back = back;
   this.toString = toString;
   this.empty = empty;
}

function enqueue(element) {
   this.dataStore.push(element);
}

function dequeue() {
   return this.dataStore.shift();
}

function front() {
   return this.dataStore[0];
}

function back() {
   return this.dataStore[this.dataStore.length-1];
}

function toString() {
   var retStr = "";
```

```
   for (var i = 0; i < this.dataStore.length; ++i) {
      retStr += this.dataStore[i] + "\n";
   }
   return retStr;
}

function empty() {
   if (this.dataStore.length == 0) {
      return true;
   }
   else {
      return false;
   }
}

function Dancer(name, sex) {
   this.name = name;
   this.sex = sex;
}

function getDancers(males, females) {
   var names = read("dancers.txt").split("\n");
   for (var i = 0; i < names.length; ++i) {
      names[i] = names[i].trim();
   }
   for (var i = 0; i < names.length; ++i) {
      var dancer = names[i].split(" ");
      var sex = dancer[0];
      var name = dancer[1];
      if (sex == "F") {
         femaleDancers.enqueue(new Dancer(name, sex));
      }
      else {
         maleDancers.enqueue(new Dancer(name, sex));
      }
   }
}

function dance(males, females) {
   print("The dance partners are: \n");
   while (!females.empty() && !males.empty()) {
      person = females.dequeue();
      putstr("Female dancer is: " + person.name);
      person = males.dequeue();
      print(" and the male dancer is: " + person.name);
   }
   print();
}

// 测试程序

var maleDancers = new Queue();
var femaleDancers = new Queue();
getDancers(maleDancers, femaleDancers);
dance(maleDancers, femaleDancers);
```

```
if (!femaleDancers.empty()) {
   print(femaleDancers.front().name + " is waiting to dance.");
}
if (!maleDancers.empty()) {
   print(maleDancers.front().name + " is waiting to dance.");
}
```

程序输出为：

```
The dance partners are:

Female dancer is: Allison and the male dancer is: Frank
Female dancer is: Cheryl and the male dancer is: Mason
Female dancer is: Jennifer and the male dancer is: Clayton
Female dancer is: Aurora and the male dancer is: Raymond

Bryan is waiting to dance.
```

我们可能想对该程序做如下修改：想显示排队等候跳舞的男性和女性的数量。队列中目前尚没有显示元素个数的方法，现在将该方法加入 Queue 类的定义中：

```
function count() {
   return this.dataStore.length;
}
```

不要忘记在 Queue 类的构造函数中加入下面一行代码：

```
this.count = count;
```

例 5-3 修改了测试代码，用到了这个新加的方法。

例 5-3　显示等候跳舞的人数

```
var maleDancers = new Queue();
var femaleDancers = new Queue();
getDancers(maleDancers, femaleDancers);
dance(maleDancers, femaleDancers);
if (maleDancers.count() > 0) {
   print("There are " + maleDancers.count() +
         " male dancers waiting to dance.");
}
if (femaleDancers.count() > 0) {
   print("There are " + femaleDancers.count() +
         " female dancers waiting to dance.");
}
```

程序输出如下：

```
Female dancer is: Allison and the male dancer is: Frank
Female dancer is: Cheryl and the male dancer is: Mason
Female dancer is: Jennifer and the male dancer is: Clayton
Female dancer is: Aurora and the male dancer is: Raymond
```

```
There are 3 male dancers waiting to dance.
```

5.4 使用队列对数据进行排序

队列不仅用于执行现实生活中与排队有关的操作，还可以用于对数据进行排序。计算机刚刚出现时，程序是通过穿孔卡输入主机的，每张卡包含一条程序语句。这些穿孔卡装在一个盒子里，经一个机械装置进行排序。我们可以使用一组队列来模拟这一过程。这种排序技术叫做基数排序，参见 *Data Structures with C++*（Prentice Hall）一书。它不是最快的排序算法，但是它展示了一些有趣的队列使用方法。

对于 0~99 的数字，基数排序将数据集扫描两次。第一次按个位上的数字进行排序，第二次按十位上的数字进行排序。每个数字根据对应位上的数值被分在不同的盒子里。假设有如下数字：

```
91, 46, 85, 15, 92, 35, 31, 22
```

经过基数排序第一次扫描之后，数字被分配到如下盒子中：

```
Bin 0:
Bin 1: 91, 31
Bin 2: 92, 22
Bin 3:
Bin 4:
Bin 5: 85, 15, 35
Bin 6: 46
Bin 7:
Bin 8:
Bin 9:
```

根据盒子的顺序，对数字进行第一次排序的结果如下：

```
91, 31, 92, 22, 85, 15, 35, 46
```

然后根据十位上的数值再将上次排序的结果分配到不同的盒子中：

```
Bin 0:
Bin 1: 15
Bin 2: 22
Bin 3: 31, 35
Bin 4: 46
Bin 5:
Bin 6:
Bin 7:
Bin 8: 85
Bin 9: 91, 92
```

最后，将盒子中的数字取出，组成一个新的列表，该列表即为排好序的数字：

```
15, 22, 31, 35, 46, 85, 91, 92
```

使用队列代表盒子，可以实现这个算法。我们需要九个队列，每个对应一个数字。将所有队列保存在一个数组中，使用取余和除法操作决定个位和十位。算法的剩余部分将数字加入相应的队列，根据个位数值对其重新排序，然后再根据十位上的数值进行排序，结果即为排好序的数字。

下面是根据相应位（个位或十位）上的数值，将数字分配到相应队列的函数：

```
function distribute(nums, queues, n, digit) { // 参数 digit 表示个位或十位上的值
   for (var i = 0; i < n; ++i) {
      if (digit == 1) {
         queues[nums[i]%10].enqueue(nums[i]);
      }
      else {
         queues[Math.floor(nums[i] / 10)].enqueue(nums[i]);
      }
   }
}
```

下面是从队列中收集数字的函数：

```
function collect(queues, nums) {
   var i = 0;
   for (var digit = 0; digit < 10; ++digit) {
      while (!queues[digit].empty()) {
         nums[i++] = queues[digit].dequeue();
      }
   }
}
```

例 5-4 展示了完整的基数排序，同时还写了一个显示数组内容的函数。

例 5-4　基数排序

```
function distribute(nums, queues, n, digit) {
   for (var i = 0; i < n; ++i) {
      if (digit == 1) {
         queues[nums[i]%10].enqueue(nums[i]);
      }
      else {
         queues[Math.floor(nums[i] / 10)].enqueue(nums[i]);
      }
   }
}

function collect(queues, nums) {
   var i = 0;
   for (var digit = 0; digit < 10; ++digit) {
      while (!queues[digit].empty()) {
          nums[i++] = queues[digit].dequeue();
      }
```

```
   }
}

function dispArray(arr) {
   for (var i = 0; i < arr.length; ++i) {
      putstr(arr[i] + " ");
   }
}


// 主程序

var queues = [];
for (var i = 0; i < 10; ++i) {
   queues[i] = new Queue();
}
var nums = [];
for (var i = 0; i < 10; ++i) {
   nums[i] = Math.floor(Math.floor(Math.random() * 101));
}
print("Before radix sort: ");
dispArray(nums);
distribute(nums, queues, 10, 1);
collect(queues, nums);
distribute(nums, queues, 10, 10);
collect(queues, nums);
print("\n\nAfter radix sort: ");
dispArray(nums);
```

下面是程序运行几次的结果：

```
Before radix sort:
45 72 93 51 21 16 70 41 27 31

After radix sort:
16 21 27 31 41 45 51 70 72 93

Before radix sort:
76 77 15 84 79 71 69 99 6 54

After radix sort:
6 15 54 69 71 76 77 79 84 99
```

5.5 优先队列

在一般情况下，从队列中删除的元素，一定是率先入队的元素。但是也有一些使用队列的应用，在删除元素时不必遵守先进先出的约定。这种应用，需要使用一个叫做优先队列的数据结构来进行模拟。

从优先队列中删除元素时，需要考虑优先权的限制。比如医院急诊科（Emergency Department）的候诊室，就是一个采取优先队列的例子。当病人进入候诊室时，分诊护士会评估患者病情的严重程度，然后给一个优先级代码。高优先级的患者先于低优先级的患者就医，同样优先级的患者按照先来先服务的顺序就医。

先来定义存储队列元素的对象，然后再构建我们的优先队列系统：

```
function Patient(name, code) {
   this.name = name;
   this.code = code;
}
```

变量 code 是一个整数，表示患者的优先级或病情严重程度。

现在需要重新定义 dequeue() 方法，使其删除队列中拥有最高优先级的元素。我们规定：优先码的值最小的元素优先级最高。新的 dequeue() 方法遍历队列的底层存储数组，从中找出优先码最低的元素，然后使用数组的 splice() 方法删除优先级最高的元素。新的 dequeue() 方法定义如下所示：

```
function dequeue() {
   var entry = 0;
   for (var i = 1; i < this.dataStore.length; ++i) {
      if (this.dataStore[i].code < this.dataStore[entry].code) {
         entry = i;
      }
   }
   return this.dataStore.splice(entry,1);
}
```

dequeue() 方法使用简单的顺序查找方法寻找优先级最高的元素（优先码越小优先级越高，比如，1 比 5 的优先级高）。该方法返回包含一个元素的数组——从队列中删除的元素。

最后，需要定义 toString() 方法来显示 Patient 对象。

```
function toString() {
   var retStr = "";
   for (var i = 0; i < this.dataStore.length; ++i) {
      retStr += this.dataStore[i].name + " code: "
             + this.dataStore[i].code + "\n";
   }
   return retStr;
}
```

例 5-5 演示了如何使用优先队列。

例 5-5　优先队列的实现

```
var p = new Patient("Smith",5);
var ed = new Queue();
ed.enqueue(p);
p = new Patient("Jones", 4);
ed.enqueue(p);
```

```
p = new Patient("Fehrenbach", 6);
ed.enqueue(p);
p = new Patient("Brown", 1);
ed.enqueue(p);
p = new Patient("Ingram", 1);
ed.enqueue(p);
print(ed.toString());
var seen = ed.dequeue();
print("Patient being treated: " + seen[0].name);
print("Patients waiting to be seen: ")
print(ed.toString());
// 下一轮
var seen = ed.dequeue();
print("Patient being treated: " + seen[0].name);
print("Patients waiting to be seen: ")
print(ed.toString());
var seen = ed.dequeue();
print("Patient being treated: " + seen[0].name);
print("Patients waiting to be seen: ")
print(ed.toString());
```

程序输出如下：

```
Smith code: 5
Jones code: 4
Fehrenbach code: 6
Brown code: 1
Ingram code: 1

Patient being treated: Jones
Patients waiting to be seen:
Smith code: 5
Fehrenbach code: 6
Brown code: 1
Ingram code: 1

Patient being treated: Ingram
Patients waiting to be seen:
Smith code: 5
Fehrenbach code: 6
Brown code: 1

Patient being treated: Brown
Patients waiting to be seen:
Smith code: 5
Fehrenbach code: 6
```

5.6 练习

1. 修改 Queue 类，形成一个 Deque 类。这是一个和队列类似的数据结构，允许从队列两端添加和删除元素，因此也叫双向队列。写一段测试程序测试该类。

2. 使用前面完成的 Deque 类来判断一个给定单词是否为回文。

3. 修改例 5-5 中的优先队列，使得优先级高的元素优先码也大。写一段程序测试你的改动。

4. 修改例 5-5 中的候诊室程序，使得候诊室内的活动可以被控制。写一个类似菜单系统，让用户可以进行如下选择：

   a. 患者进入候诊室；
   b. 患者就诊；
   c. 显示等待就诊患者名单。

第 6 章

链表

第 3 章讨论了如何使用列表对数据排序，当时底层储存数据的数据结构是数组。本章将讨论另外一种列表：链表。我们会解释为什么有时链表优于数组，还会实现一个基于对象的链表。本章末尾是几个实际案例，讲解如何使用链表来解决一些编程问题。

6.1 数组的缺点

数组不总是组织数据的最佳数据结构，原因如下。在很多编程语言中，数组的长度是固定的，所以当数组已被数据填满时，再要加入新的元素就会非常困难。在数组中，添加和删除元素也很麻烦，因为需要将数组中的其他元素向前或向后平移，以反映数组刚刚进行了添加或删除操作。然而，JavaScript 的数组并不存在上述问题，因为使用 `splice()` 方法不需要再访问数组中的其他元素了。

JavaScript 中数组的主要问题是，它们被实现成了对象，与其他语言（比如 C++ 和 Java）的数组相比，效率很低（请参考 Crockford 那本书的第 6 章）。

如果你发现数组在实际使用时很慢，就可以考虑使用链表来替代它。除了对数据的随机访问，链表几乎可以用在任何可以使用一维数组的情况中。如果需要随机访问，数组仍然是更好的选择。

6.2 定义链表

链表是由一组节点组成的集合。每个节点都使用一个对象的引用指向它的后继。指向另一个节点的引用叫做链。图 6-1 展示了一个链表。

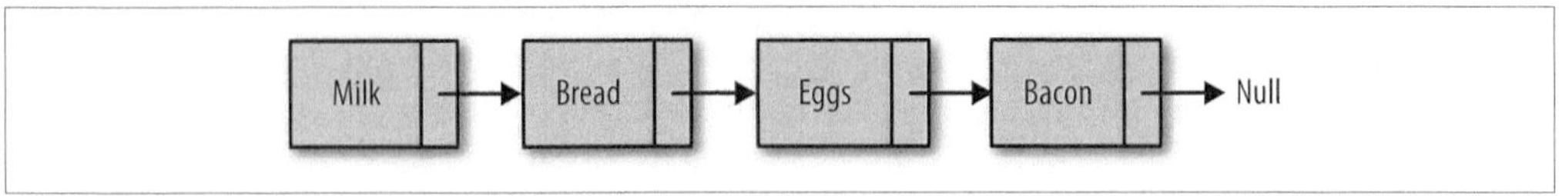

图 6-1：链表

数组元素靠它们的位置进行引用，链表元素则是靠相互之间的关系进行引用。在图 6-1 中，我们说 bread 跟在 milk 后面，而不说 bread 是链表中的第二个元素。遍历链表，就是跟着链接，从链表的首元素一直走到尾元素（但这不包含链表的头节点，头节点常常用来作为链表的接入点）。图中另外一个值得注意的地方是，链表的尾元素指向一个 `null` 节点。

然而要标识出链表的起始节点却有点麻烦，许多链表的实现都在链表最前面有一个特殊节点，叫做*头节点*。经过改造之后，图 6-1 中的链表成了下面的样子。

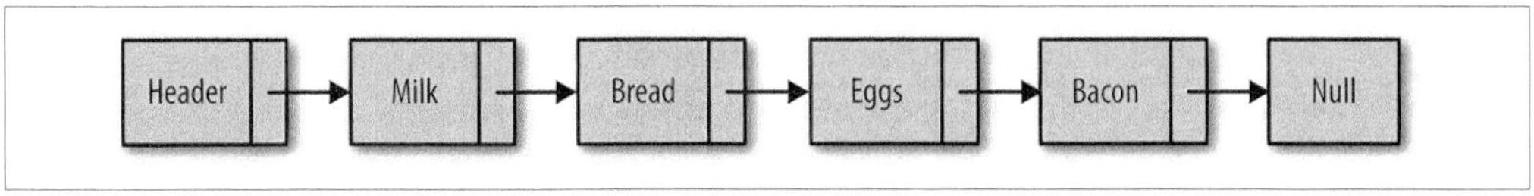

图 6-2：有头节点的链表

链表中插入一个节点的效率很高。向链表中插入一个节点，需要修改它前面的节点（前驱），使其指向新加入的节点，而新加入的节点则指向原来前驱指向的节点。图 6-3 演示了如何在 eggs 后加入 cookies。

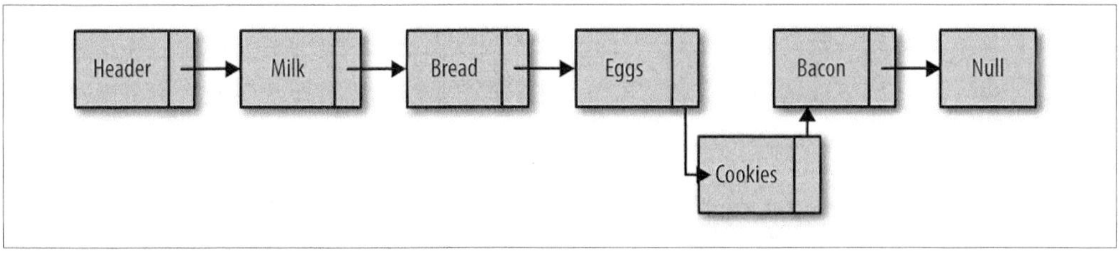

图 6-3：向链表插入元素 cookies

从链表中删除一个元素也很简单。将待删除元素的前驱节点指向待删除元素的后继节点，同时将待删除元素指向 `null`，元素就删除成功了。图 6-4 演示了从链表中删除“bacon”的过程。

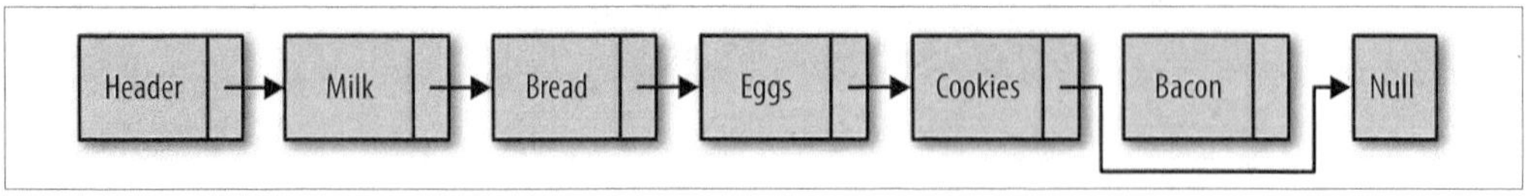

图 6-4：从链表中删除 bacon

链表还有其他一些操作，但插入和删除元素最能说明链表为什么如此有用。

6.3 设计一个基于对象的链表

我们设计的链表包含两个类。Node 类用来表示节点，LinkedList 类提供了插入节点、删除节点、显示列表元素的方法，以及其他一些辅助方法。

6.3.1 Node类

Node 类包含两个属性：element 用来保存节点上的数据，next 用来保存指向下一个节点的链接。我们使用一个构造函数来创建节点，该构造函数设置了这两个属性的值：

```
function Node(element) {
   this.element = element;
   this.next = null;
}
```

6.3.2 LinkedList类

LList 类提供了对链表进行操作的方法。该类的功能包括插入删除节点、在列表中查找给定的值。该类也有一个构造函数，链表只有一个属性，那就是使用一个 Node 对象来保存该链表的头节点。

该类的构造函数如下所示：

```
function LList() {
   this.head = new Node("head");
   this.find = find;
   this.insert = insert;
   this.remove = remove;
   this.display = display;
}
```

head 节点的 next 属性被初始化为 null，当有新元素插入时，next 会指向新的元素，所以在这里我们没有修改 next 的值。

6.3.3 插入新节点

我们要分析的第一个方法是 insert，该方法向链表中插入一个节点。向链表中插入新节点时，需要明确指出要在哪个节点前面或后面插入。首先介绍如何在一个已知节点后面插入元素。

在一个已知节点后面插入元素时，先要找到“后面”的节点。为此，创建一个辅助方法 find()，该方法遍历链表，查找给定数据。如果找到数据，该方法就返回保存该数据的节点。find() 方法的实现代码如下所示：

```
function find(item) {
   var currNode = this.head;
   while (currNode.element != item) {
      currNode = currNode.next;
   }
   return currNode;
}
```

find() 方法演示了如何在链表上进行移动。首先，创建一个新节点，并将链表的头节点赋给这个新创建的节点。然后在链表上进行循环，如果当前节点的 element 属性和我们要找的信息不符，就从当前节点移动到下一个节点。如果查找成功，该方法返回包含该数据的节点；否则，返回 null。

一旦找到"后面"的节点，就可以将新节点插入链表了。首先，将新节点的 next 属性设置为"后面"节点的 next 属性对应的值。然后设置"后面"节点的 next 属性指向新节点。insert() 方法的定义如下：

```
function insert(newElement, item) {
   var newNode = new Node(newElement);
   var current = this.find(item);
   newNode.next = current.next;
   current.next = newNode;
}
```

现在已经可以开始测试我们的链表实现了。然而在测试之前，先来定义一个 display() 方法，该方法用来显示链表中的元素：

```
function display() {
   var currNode = this.head;
   while (!(currNode.next == null)) {
      print(currNode.next.element);
      currNode = currNode.next;
   }
}
```

该方法先将列表的头节点赋给一个变量，然后循环遍历链表，当前节点的 next 属性为 null 时循环结束。为了只显示包含数据的节点（换句话说，不显示头节点），程序只访问当前节点的下一个节点中保存的数据：

```
currNode.next.element
```

最后，再加一点代码，来试试新定义的链表。例 6-1 将 40 号州际公路沿线的阿肯色州西部的城市存储到一个链表，这段程序还包括截至目前对 LList 类的定义。需要注意的是 remove() 方法暂时被注释掉了，下一节将定义这个方法。

例 6-1　LList 类和测试程序

```
function LList() {
   this.head = new Node("head");
```

```
    this.find = find;
    this.insert = insert;
    //this.remove = remove;
    this.display = display;
}

function find(item) {
    var currNode = this.head;
    while (currNode.element != item) {
        currNode = currNode.next;
    }
    return currNode;
}

function insert(newElement, item) {
    var newNode = new Node(newElement);
    var current = this.find(item);
    newNode.next = current.next;
    current.next = newNode;
}

function display() {
    var currNode = this.head;
    while (!(currNode.next == null)) {
        print(currNode.next.element);
        currNode = currNode.next;
    }
}

// 主程序

var cities = new LList();
cities.insert("Conway", "head");
cities.insert("Russellville", "Conway");
cities.insert("Alma", "Russellville");
cities.display()
```

输出为：

```
Conway
Russellville
Alma
```

6.3.4 从链表中删除一个节点

从链表中删除节点时，需要先找到待删除节点前面的节点。找到这个节点后，修改它的 next 属性，使其不再指向待删除节点，而是指向待删除节点的下一个节点。我们可以定义一个方法 findPrevious()，来做这件事。该方法遍历链表中的元素，检查每一个节点的下一个节点中是否存储着待删除数据。如果找到，返回该节点（即“前一个”节点），这样就可以修改它的 next 属性了。findPrevious() 方法的定义如下：

```
function findPrevious(item) {
   var currNode = this.head;
   while (!(currNode.next == null) &&
           (currNode.next.element != item)) {
      currNode = currNode.next;
   }
   return currNode;
}
```

现在就可以开始写 remove() 方法了：

```
function remove(item) {
   var prevNode = this.findPrevious(item);
   if (!(prevNode.next == null)) {
       prevNode.next = prevNode.next.next;
   }
}
```

该方法中最重要的一行代码如下，看起来有点奇怪，但是完全说得通：

```
prevNode.next = prevNode.next.next;
```

这里跳过了待删除节点，让"前一个"节点指向了待删除节点的后一个节点。如果你对这个操作还是不太理解，可参考图 6-4，图片看起来更加形象。

又到了测试代码的时候，这次先得修改 LList 类的构造函数，使其包含这两个新加的方法：

```
function LList() {
   this.head = new Node("head");
   this.find = find;
   this.insert = insert;
   this.display = display;
   this.findPrevious = findPrevious;
   this.remove = remove;
}
```

例 6-2 提供了一小段测试 remove() 方法的程序：

例 6-2　测试 remove() 方法

```
var cities = new LList();
cities.insert("Conway", "head");
cities.insert("Russellville", "Conway");
cities.insert("Carlisle", "Russellville");
cities.insert("Alma", "Carlisle");
cities.display();
cities.remove("Carlisle");
cities.display();
```

在调用 remove() 方法前的输出为：

```
Conway
Russellville
```

```
Carlisle
Alma
```

但是 Carlisle 在阿肯色州的东部，因此我们需要将其从链表中删除，删除之后链表显示成下面这个样子：

```
Conway
Russellville
Alma
```

例 6-3 包含了完整的代码，包括 Node 类、LList 类和测试代码：

例 6-3　Node 类和 LList 类

```
function Node(element) {
   this.element = element;
   this.next = null;
}

function LList() {
   this.head = new Node("head");
   this.find = find;
   this.insert = insert;
   this.display = display;
   this.findPrevious = findPrevious;
   this.remove = remove;
}

function remove(item) {
   var prevNode = this.findPrevious(item);
   if (!(prevNode.next == null)) {
      prevNode.next = prevNode.next.next;
  }
}

function findPrevious(item) {
   var currNode = this.head;
   while (!(currNode.next == null) &&
         (currNode.next.element != item)) {
      currNode = currNode.next;
   }
   return currNode;
}

function display() {
   var currNode = this.head;
   while (!(currNode.next == null)) {
      print(currNode.next.element);
      currNode = currNode.next;
   }
}

function find(item) {
   var currNode = this.head;
```

```
    while (currNode.element != item) {
       currNode = currNode.next;
    }
    return currNode;
}

function insert(newElement, item) {
    var newNode = new Node(newElement);
    var current = this.find(item);
    newNode.next = current.next;
    current.next = newNode;
}


var cities = new LList();
cities.insert("Conway", "head");
cities.insert("Russellville", "Conway");
cities.insert("Carlisle", "Russellville");
cities.insert("Alma", "Carlisle");
cities.display();
console.log();
cities.remove("Carlisle");
cities.display();
```

6.4 双向链表

尽管从链表的头节点遍历到尾节点很简单，但反过来，从后向前遍历则没那么简单。通过给 Node 对象增加一个属性，该属性存储指向前驱节点的链接，这样就容易多了。此时向链表插入一个节点需要更多的工作，我们需要指出该节点正确的前驱和后继。但是在从链表中删除节点时，效率提高了，不需要再查找待删除节点的前驱节点了。图 6-5 演示了双向链表的工作原理。

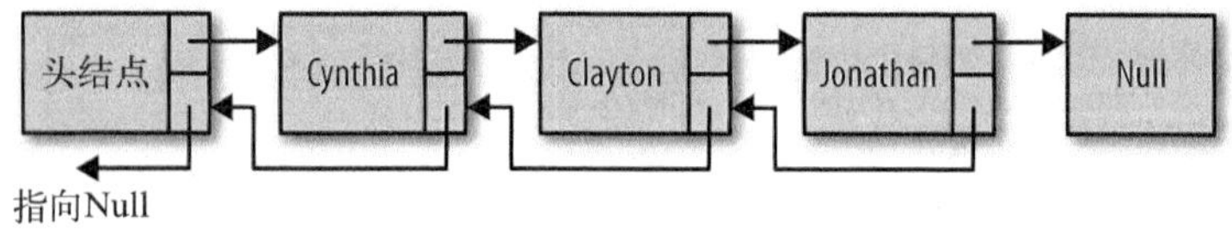

图 6-5：双向链表

首当其冲的是要为 Node 类增加一个 previous 属性：

```
function Node(element) {
    this.element = element;
    this.next = null;
    this.previous = null;
}
```

双向链表的 insert() 方法和单向链表的类似，但是需要设置新节点的 previous 属性，使其指向该节点的前驱。该方法的定义如下：

```
function insert(newElement, item) {
   var newNode = new Node(newElement);
   var current = this.find(item);
   newNode.next = current.next;
   newNode.previous = current;
   current.next = newNode;
}
```

双向链表的 remove() 方法比单向链表的效率更高，因为不需要再查找前驱节点了。首先需要在链表中找出存储待删除数据的节点，然后设置该节点前驱的 next 属性，使其指向待删除节点的后继；设置该节点后继的 previous 属性，使其指向待删除节点的前驱。图 6-6 直观地展示了该过程。

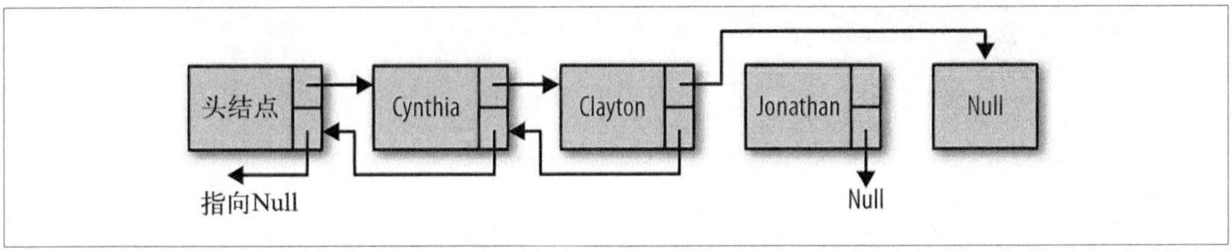

图 6-6：从双向链表中删除节点

remove() 方法的定义如下：

```
function remove(item) {
   var currNode = this.find(item);
   if (!(currNode.next == null)) {
      currNode.previous.next = currNode.next;
      currNode.next.previous = currNode.previous;
      currNode.next = null;
      currNode.previous = null;
   }
}
```

为了完成以反序显示链表中元素这类任务，需要给双向链表增加一个工具方法，用来查找最后的节点。findLast() 方法找出了链表中的最后一个节点，同时免除了从前往后遍历链表之苦：

```
function findLast() {
   var currNode = this.head;
   while (!(currNode.next == null)) {
      currNode = currNode.next;
   }
   return currNode;
}
```

有了这个工具方法，就可以写一个方法，反序显示双向链表中的元素。dispReverse() 方法如下所示：

```
function dispReverse() {
   var currNode = this.head;
   currNode = this.findLast();
   while (!(currNode.previous == null)) {
      print(currNode.element);
      currNode = currNode.previous;
   }
}
```

最后一个任务是将这些新方法加入双向链表的构造函数。例 6-4 展示了所有代码，同时还包含了一小段测试代码。

例 6-4　双向链表 LList 类

```
function Node(element) {
   this.element = element;
   this.next = null;
   this.previous = null;
}

function LList() {
   this.head = new Node("head");
   this.find = find;
   this.insert = insert;
   this.display = display;
   this.remove = remove;
   this.findLast = findLast;
   this.dispReverse = dispReverse;
}

function dispReverse() {
   var currNode = this.head;
   currNode = this.findLast();
   while (!(currNode.previous == null)) {
      print(currNode.element);
      currNode = currNode.previous;
   }
}

function findLast() {
   var currNode = this.head;
   while (!(currNode.next == null)) {
      currNode = currNode.next;
   }
   return currNode;
}

function remove(item) {
   var currNode = this.find(item);
   if (!(currNode.next == null)) {
```

```
            currNode.previous.next = currNode.next;
            currNode.next.previous = currNode.previous;
            currNode.next = null;
            currNode.previous = null;
        }
    }

    //findPrevious 没用了，注释掉
    /*function findPrevious(item) {
        var currNode = this.head;
        while (!(currNode.next == null) &&
                (currNode.next.element != item)) {
           currNode = currNode.next;
        }
        return currNode;
    }*/

    function display() {
       var currNode = this.head;
       while (!(currNode.next == null)) {
          print(currNode.next.element);
          currNode = currNode.next;
       }
    }

    function find(item) {
       var currNode = this.head;
       while (currNode.element != item) {
          currNode = currNode.next;
       }
       return currNode;
    }

    function insert(newElement, item) {
       var newNode = new Node(newElement);
       var current = this.find(item);
       newNode.next = current.next;
       newNode.previous = current;
       current.next = newNode;
    }


    var cities = new LList();
    cities.insert("Conway", "head");
    cities.insert("Russellville", "Conway");
    cities.insert("Carlisle", "Russellville");
    cities.insert("Alma", "Carlisle");
    cities.display();
    print();
    cities.remove("Carlisle");
    cities.display();
    print();
    cities.dispReverse();
```

输出如下：

```
Conway
Russellville
Carlisle
Alma

Conway
Russellville
Alma

Alma
Russellville
Conway
```

6.5 循环链表

循环链表和单向链表相似，节点类型都是一样的。唯一的区别是，在创建循环链表时，让其头节点的 next 属性指向它本身，即：

```
head.next = head
```

这种行为会传导至链表中的每个节点，使得每个节点的 next 属性都指向链表的头节点。换句话说，链表的尾节点指向头节点，形成了一个循环链表，如图 6-7 所示。

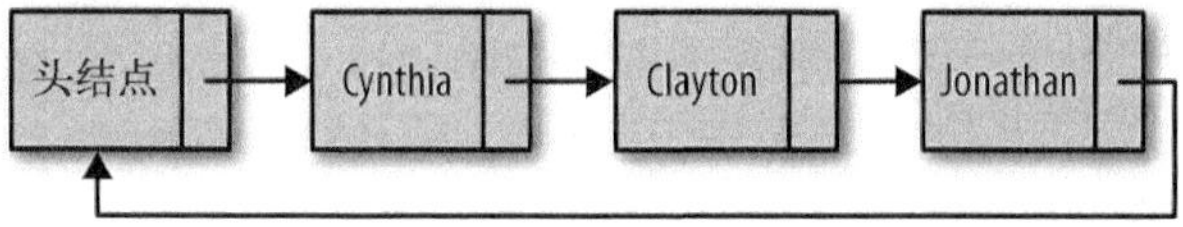

图 6-7：循环链表

如果你希望可以从后向前遍历链表，但是又不想付出额外代价来创建一个双向链表，那么就需要使用循环链表。从循环链表的尾节点向后移动，就等于从后向前遍历链表。

创建循环链表，只需要修改 LList 类的构造函数：

```
function LList() {
   this.head = new Node("head");
   this.head.next = this.head;
   this.find = find;
   this.insert = insert;
   this.display = display;
   this.findPrevious = findPrevious;
   this.remove = remove;
}
```

只需要修改一处，就将单向链表变成了循环链表。但是其他一些方法需要修改才能工作正常。比如，display() 就需要修改，原来的方式在循环链表里会陷入死循环。while 循环的循环条件需要修改，需要检查头节点，当循环到头节点时退出循环。

循环链表的 display() 方法如下所示：

```
function display() {
   var currNode = this.head;
   while (!(currNode.next == null) &&
         !(currNode.next.element == "head")) {
      print(currNode.next.element);
      currNode = currNode.next;
   }
}
```

知道了怎么修改 display() 方法，你应该会修改其他方法了吧？这样就可以将一个标准的链表转换成一个循环链表了。

6.6 链表的其他方法

为了使链表更好用，需要再定义其他一些方法。在接下来的练习中，就有机会实现几个这样的方法，包括下面几种。

- advance(n)
  在链表中向前移动 *n* 个节点。

- back(n)
  在双向链表中向后移动 *n* 个节点。

- show()
  只显示当前节点。

6.7 练习

1. 实现 advance(n) 方法，使当前节点向前移动 *n* 个节点。

2. 实现 back(n) 方法，使当前节点向后移动 *n* 个节点。

3. 实现 show() 方法，只显示当前节点上的数据。

4. 使用单向链表写一段程序，记录用户输入的一组测验成绩。

5. 使用双向链表重写例 6-4 的程序。

6. 传说在公元1世纪的犹太战争中，犹太历史学家弗拉维奥·约瑟夫斯和他的40个同胞被罗马士兵包围。犹太士兵决定宁可自杀也不做俘虏，于是商量出了一个自杀方案。他们围成一个圈，从一个人开始，数到第三个人时将第三个人杀死，然后再数，直到杀光所有人。约瑟夫和另外一个人决定不参加这个疯狂的游戏，他们快速地计算出了两个位置，站在那里得以幸存。写一段程序将 n 个人围成一圈，并且第 m 个人会被杀掉，计算一圈人中哪两个人最后会存活。使用循环链表解决该问题。

第 7 章

字典

字典是一种以键 – 值对形式存储数据的数据结构，就像电话号码簿里的名字和电话号码一样。要找一个电话时，先找名字，名字找到了，紧挨着它的电话号码也就找到了。这里的键是指你用来查找的东西，值是查找得到的结果。

JavaScript 的 `Object` 类就是以字典的形式设计的。本章将使用 `Object` 类本身的特性，实现一个 `Dictionary` 类，让这种字典类型的对象使用起来更加简单。你也可以只使用数组和对象来实现本章展示的方法，但是定义一个 `Dictionary` 类更方便，也更有意思。比如，使用 `()` 引用键就比使用 `[]` 简单。当然，还有其他一些便利，比如可以定义对整体进行操作的方法，举个例子，显示字典中的所有元素，这样就不必在主程序中使用循环去遍历字典了。

7.1 Dictionary类

`Dictionay` 类的基础是 `Array` 类，而不是 `Object` 类。本章稍后将提到，我们想对字典中的键排序，而 JavaScript 中是不能对对象的属性进行排序的。但是也不要忘记，JavaScript 中一切皆对象，数组也是对象。

以下面的代码开始定义 `Dictionary` 类：

```
function Dictionary() {
    this.datastore = new Array();
}
```

先来定义 `add()` 方法。该方法接受两个参数：键和值。键是值在字典中的索引。代码如下：

```
function add(key, value) {
        this.datastore[key] = value;
}
```

接下来定义 find() 方法，该方法以键作为参数，返回和其关联的值。代码如下所示：

```
function find(key) {
        return this.datastore[key];
}
```

从字典中删除键 – 值对需要使用 JavaScript 中的一个内置函数：delete。该函数是 Object 类的一部分，使用对键的引用作为参数。该函数同时删掉键和与其关联的值。下面是 remove() 方法的定义：

```
function remove(key) {
        delete this.datastore[key];
}
```

最后，我们希望可以显示字典中所有的键 – 值对，下面就是一个完成该任务的方法：

```
function showAll() {
   Object.keys(this.datastore).forEach(function(key) {
      print(key + " -> " + this.datastore[key]);
   }, .this);
}
```

调用 Object 类的 keys() 方法可以返回传入参数中存储的所有键。

例 7-1 提供了到目前为止 Dictionay 类的定义

例 7-1　Dictionary 类

```
function Dictionary() {
   this.add = add;
   this.datastore = new Array();
   this.find = find;
   this.remove = remove;
   this.showAll = showAll;
}

function add(key, value) {
   this.datastore[key] = value;
}

function find(key) {
   return this.datastore[key];
}

function remove(key) {
   delete this.datastore[key];
}
```

```
function showAll() {
   var datakeys = Array.prototype.slice.call(object.keys(this.datastores));
   for(var key in datakeys) {
      print(datakeys[key] + " -> " + this.datastore[datakeys key]]);
   }
}
```

例 7-2 展示了如何使用 Dictionary 类。

例 7-2　使用 Dictionary 类

```
load("Dictionary.js");
var pbook = new Dictionary();
pbook.add("Mike","123");
pbook.add("David", "345");
pbook.add("Cynthia", "456");
print("David's extension: " + pbook.find("David"));
pbook.remove("David");
pbook.showAll();
```

输出为：

```
David's extension: 345
Mike -> 123
Cynthia -> 456
```

7.2　Dictionary类的辅助方法

我们还可以定义一些在特定情况下有用的辅助方法。比如，要是能知道字典中的元素个数就好了，那么就可以定义一个 count() 方法：

```
function count() {
   var n = 0;
   for each(var key in Object.keys(this.datastore)) {
      ++n;
   }
   return n;
}
```

你可能想问：为什么不使用 length 属性？这是因为当键的类型为字符串时，length 属性就不管用了。请看下面的例子：

```
var nums() = new Array();
nums[0] = 1;
nums[1] = 2;
print(nums.length); // 显示 2
var pbook = new Array();
pbook["David"] = 1;
pbook["Jennifer"] = 2;
print(pbook.length); // 显示 0
```

clear() 是另外一种辅助方法，定义如下：

```
function clear() {
   for each (var key in Object.keys(this.datastore)) {
      delete this.datastore[key];
   }
}
```

例 7-3 更新了 Dictionary 类的完整定义。

例 7-3　更新后的 Dictionary 类的定义

```
function Dictionary() {
   this.add = add;
   this.datastore = new Array();
   this.find = find;
   this.remove = remove;
   this.showAll = showAll;
   this.count = count;
   this.clear = clear;
}

function add(key, value) {
   this.datastore[key] = value;
}

function find(key) {
   return this.datastore[key];
}

function remove(key) {
   delete this.datastore[key];
}

function showAll() {
   for each (var key in Object.keys(this.datastore)) {
      print(key + " -> " + this.datastore[key]);
   }
}

function count() {
   var n = 0;
   for each (var key in Object.keys(this.datastore)) {
      ++n;
   }
   return n;
}

function clear() {
   Object.keys(this.datastore).forEach(function(key) {
      delete this.datastore[key];
   }, this);
}
```

例 7-4 展示了如何使用这两个新增加的方法。

例 7-4　使用 count() 和 clear() 方法

```
load("Dictionary.js");
var pbook = new Dictionary();
pbook.add("Raymond","123");
pbook.add("David", "345");
pbook.add("Cynthia", "456");
print("Number of entries: " + pbook.count());
print("David's extension: " + pbook.find("David"));
pbook.showAll();
pbook.clear();
print("Number of entries: " + pbook.count());
```

程序输出为：

```
Number of entries: 3
David's extension: 345
Raymond -> 123
David -> 345
Cynthia -> 456
Number of entries: 0
```

7.3　为Dictionary类添加排序功能

字典的主要用途是通过键取值，我们无须太关心数据在字典中的实际存储顺序。然而，很多人都希望看到一个有序的字典。下面来看看怎样让前面实现的字典按顺序显示。

数组是可以排序的，比如：

```
var a = new Array();
a[0] = "Mike";
a[1] = "David";
print(a); // 显示 Mike,David
a.sort();
print(a); // 显示 David,Mike
```

但是上面这种做法对以字符串作为键的字典是无效的，程序会没有任何输出。这和我们前面定义 count() 方法时碰到的情况一样。

不过，这也不是大问题。用户关心的是显示字典的内容时，结果是有序的。可以使用 Object.keys() 函数解决这个问题，下面是重新定义的 showAll() 方法：

```
function showAll() {
   for(var key in Object.keys(this.datastore).sort()) {
      print(key + " -> " + this.datastore[key]);
   }
}
```

该定义和之前的定义唯一的区别是：从数组 datastore 拿到键后，调用 sort() 方法对键重新排了序。

例 7-5 展示了如何使用该方法有序地显示名字和数字对。

例 7-5　字典的有序显示

```
load("Dictionary.js");
var pbook = new Dictionary();
pbook.add("Raymond","123");
pbook.add("David", "345");
pbook.add("Cynthia", "456");
pbook.add("Mike", "723");
pbook.add("Jennifer", "987");
pbook.add("Danny", "012");
pbook.add("Jonathan", "666");
pbook.showAll();
```

程序输出如下所示：

```
Cynthia -> 456
Danny -> 012
David -> 345
Jennifer -> 987
Jonathan -> 666
Mike -> 723
Raymond -> 123
```

7.4　练习

1. 写一个程序，该程序从一个文本文件中读入名字和电话号码，然后将其存入一个字典。该程序需包含如下功能：显示单个电话号码、显示所有电话号码、增加新电话号码、删除电话号码、清空所有电话号码。

2. 使用 `Dictionary` 类写一个程序，该程序用来存储一段文本中各个单词出现的次数。该程序显示每个单词出现的次数，但每个单词只显示一次。比如下面一段话“the brown fox jumped over the blue fox”，程序的输出应为：

```
the: 2
brown: 1
fox: 2
jumped: 1
over: 1
blue: 1
```

3. 修改练习 2，使单词按字母顺序显示。

第 8 章

散列

散列是一种常用的数据存储技术，散列后的数据可以快速地插入或取用。散列使用的数据结构叫做*散列表*。在散列表上插入、删除和取用数据都非常快，但是对于查找操作来说却效率低下，比如查找一组数据中的最大值和最小值。这些操作得求助于其他数据结构，二叉查找树就是一个很好的选择。本章将介绍如何实现散列表，并且了解什么时候应该用散列表存取数据。

8.1 散列概览

我们的散列表是基于数组进行设计的。数组的长度是预先设定的，如有需要，可以随时增加。所有元素根据和该元素对应的*键*，保存在数组的特定位置，该键和我们前面讲到的字典中的键是类似的概念。使用散列表存储数据时，通过一个*散列函数*将键映射为一个数字，这个数字的范围是 0 到散列表的长度。

理想情况下，散列函数会将每个键值映射为一个唯一的数组索引。然而，键的数量是无限的，数组的长度是有限的（理论上，在 JavaScript 中是这样），一个更现实的目标是让散列函数尽量将键均匀地映射到数组中。

即使使用一个高效的散列函数，仍然存在将两个键映射成同一个值的可能，这种现象称为*碰撞*（collision），当碰撞发生时，我们需要有方案去解决。本章稍后部分将详细讨论如何解决碰撞。

要确定的最后一个问题是：散列表中的数组究竟应该有多大？这是编写散列函数时必须要考虑的。对数组大小常见的限制是：数组长度应该是一个质数。在实现各种散列函数时，我们将讨论为什么要求数组长度为质数。之后，会有多种确定数组大小的策略，所有的策略都基于处理碰撞的技术，因此，我们将在讨论如何处理碰撞时对它们进行讨论。图 8-1 以一个小型电话号码簿为例，阐释了散列的概念。

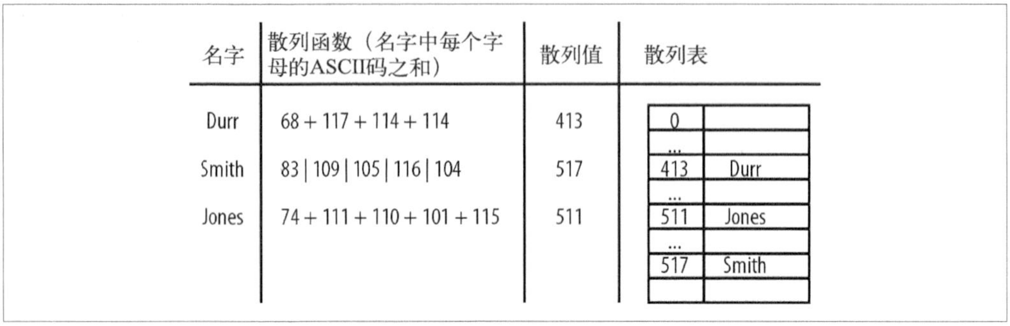

图 8-1：将名字和电话号码进行散列

8.2 HashTable类

我们使用一个类来表示散列表，该类包含计算散列值的方法、向散列中插入数据的方法、从散列表中读取数据的方法、显示散列表中数据分布的方法，以及其他一些可能会用到的工具方法。

`HashTable` 类的构造函数定义如下：

```
function HashTable() {
   this.table = new Array(137);
   this.simpleHash = simpleHash;
   this.showDistro = showDistro;
   this.put = put;
   //this.get = get;
}
```

`get()` 方法暂时被注释掉，本章稍后将描述该方法的定义。

8.2.1 选择一个散列函数

散列函数的选择依赖于键值的数据类型。如果键是整型，最简单的散列函数就是以数组的长度对键取余。在一些情况下，比如数组的长度是 10，而键值都是 10 的倍数时，就不推荐使用这种方式了。这也是数组的长度为什么要是质数的原因之一，就像我们在上个构造函数中，设定数组长度为 137 一样。如果键是随机的整数，则散列函数应该更均匀地分布这些键。这种散列方式称为*除留余数法*。

在很多应用中，键是字符串类型。事实证明，选择针对字符串类型的散列函数是很难的，选择时必须加倍小心。

乍一看，将字符串中每个字符的 ASCII 码值相加似乎是一个不错的散列函数。这样散列值就是 ASCII 码值的和除以数组长度的余数。该散列函数的定义如下：

```
function simpleHash(data) {
   var total = 0;
   for (var i = 0; i < data.length; ++i) {
      total += data.charCodeAt(i);
   }
   return total % this.table.length;
}
```

我们给 HashTable 再增加两个方法：put() 和 showDistro()，一个用来将数据存入散列表，一个用来显示散列表中的数据，这样就初步实现了 HashTable 类，该类的完整定义如下：

```
function HashTable() {
   this.table = new Array(137);
   this.simpleHash = simpleHash;
   this.showDistro = showDistro;
   this.put = put;
   //this.get = get;
}

function put(data) {
   var pos = this.simpleHash(data);
   this.table[pos] = data;
}

function simpleHash(data) {
   var total = 0;
   for (var i = 0; i < data.length; ++i) {
      total += data.charCodeAt(i);
   }
   return total % this.table.length;
}

function showDistro() {
   var n = 0;
   for (var i = 0; i < this.table.length; ++i) {
      if (this.table[i] != undefined) {
         print(i + ": " + this.table[i]);
      }
   }
}
```

例 8-1 展示了 simpleHash() 函数的工作原理。

例 8-1　使用一个简单的散列函数做散列

```
load("HashTable.js");
var someNames = ["David", "Jennifer", "Donnie", "Raymond",
                 "Cynthia", "Mike", "Clayton", "Danny", "Jonathan"];
```

```
var hTable = new HashTable();
for (var i = 0; i < someNames.length; ++i) {
   hTable.put(someNames[i]);
}
hTable.showDistro();
```

输出如下：

```
35: Cynthia
45: Clayton
57: Donnie
77: David
95: Danny
116: Mike
132: Jennifer
134: Jonathan
```

simpleHash() 函数通过使用 JavaScript 的 charCodeAt() 函数，返回每个字符的 ASCII 码值，然后再将它们相加得到散列值。put() 方法通过调用 simpleHash() 函数得到数组的索引，然后将数据存储到该索引对应的位置上。你会发现，数据并不是均匀分布的，人名向数组的两端集中。

比起这种不均匀的分布，还有一个更严重的问题。如果你仔细观察输出，会发现初始数组中的人名并没有全部显示。给 simpleHash() 函数加入一条 print() 语句，来仔细分析一下这个问题：

```
function simpleHash(data) {
   var total = 0;
   for (var i = 0; i < data.length; ++i) {
      total += data.charCodeAt(i);
   }
   print("Hash value: " + data + " -> " + total);
   return total % this.table.length;
}
```

再次运行程序，得到的输出如下：

```
Hash value: David -> 488
Hash value: Jennifer -> 817
Hash value: Donnie -> 605
Hash value: Raymond -> 730
Hash value: Cynthia -> 720
Hash value: Mike -> 390
Hash value: Clayton -> 730
Hash value: Danny -> 506
Hash value: Jonathan -> 819
35: Cynthia
45: Clayton
57: Donnie
77: David
95: Danny
```

```
116: Mike
132: Jennifer
134: Jonathan
```

现在真相大白了：字符串 "Clayton" 和 "Raymond" 的散列值是一样的！一样的散列值引发了碰撞，因为碰撞，只有 "Clayton" 存入了散列表。可以通过改善散列函数来避免碰撞，请看下一小节。

8.2.2 一个更好的散列函数

为了避免碰撞，首先要确保散列表中用来存储数据的数组其大小是个质数。这一点很关键，这和计算散列值时使用的取余运算有关。数组的长度应该在 100 以上，这是为了让数据在散列表中分布得更加均匀。通过试验我们发现，比 100 大且不会让例 8-1 中的数据产生碰撞的第一个质数是 137。使用其他更接近 100 的质数，在该数据集上依然会产生碰撞。

为了避免碰撞，在给散列表一个合适的大小后，接下来要有一个计算散列值的更好方法。霍纳算法很好地解决了这个问题。本书不会过多深入该算法的数学细节，在此算法中，新的散列函数仍然先计算字符串中各字符的 ASCII 码值，不过求和时每次要乘以一个质数。大多数算法书建议使用一个较小的质数，比如 31，但是对于我们的数据集，31 不起作用，我们使用 37，这样刚好不会产生碰撞。

现在我们有了一个使用霍纳算法的更好的散列函数：

```
function betterHash(string, arr) {
   const H = 37;
   var total = 0;
   for (var i = 0; i < string.length; ++i) {
      total += H * total + string.charCodeAt(i);
   }
   total = total % arr.length;
   return parseInt(total);
}
```

例 8-2 是现在的 HashTable 类。

例 8-2 拥有更好散列函数 betterHash() 的 HashTable 类

```
function HashTable() {
   this.table = new Array(137);
   this.simpleHash = simpleHash;
   this.betterHash = betterHash;
   this.showDistro = showDistro;
   this.put = put;
   //this.get = get;
}

function put(data) {
   var pos = this.betterHash(data);
```

```
        this.table[pos] = data;
    }

    function simpleHash(data) {
        var total = 0;
        for (var i = 0; i < data.length; ++i) {
            total += data.charCodeAt(i);
        }
        print("Hash value: " + data + " -> " + total);
        return total % this.table.length;
    }

    function showDistro() {
        var n = 0;
        for (var i = 0; i < this.table.length; ++i) {
            if (this.table[i] != undefined) {
                print(i + ": " + this.table[i]);
            }
        }
    }

    function betterHash(string) {
        const H = 37;
        var total = 0;
        for (var i = 0; i < string.length; ++i) {
            total += H * total + string.charCodeAt(i);
        }
        total = total % this.table.length;
        if (total < 0) {
            total += this.table.length-1;
        }
        return parseInt(total);
    }
```

注意，put() 方法现在使用了新的散列函数 betterHash()，而不是原来的 simpleHash()。

例 8-3 中的代码测试了新的散列函数。

例 8-3　测试 betterHash() 函数

```
load("HashTable.js");
var someNames = ["David", "Jennifer", "Donnie", "Raymond",
                 "Cynthia", "Mike", "Clayton", "Danny", "Jonathan"];
var hTable = new HashTable();
for (var i = 0; i < someNames.length; ++i) {
    hTable.put(someNames[i]);
}
hTable.showDistro();
```

输出如下：

```
12: Jennifer
22: Raymond
55: Donnie
```

```
58: Clagton
80: Jonathan
82: Mike
103: Cynthia
110: Danny
```

这次所有的人名都显示出来了，而且没有碰撞。

8.2.3 散列化整型键

上一小节展示了如何散列化字符串类型的键，本节将介绍如何散列化整型键，使用的数据集是学生的成绩。我们将随机产生一个 9 位数的键，用以识别学生身份和一门成绩。下面是产生学生数据（包含 ID 和成绩）的函数：

```
function getRandomInt (min, max) {
   return Math.floor(Math.random() * (max - min + 1)) + min;
}

function genStuData(arr) {
   for (var i = 0; i < arr.length; ++i) {
      var num = "";
      for (var j = 1; j <= 9; ++j) {
         num += Math.floor(Math.random() * 10);
      }
      num += getRandomInt(50, 100);
      arr[i] = num;
   }
}
```

使用 `getRandomInt()` 函数时，可以指定随机数的最大值和最小值。拿学生的成绩来说，最低分是 50，最高分是 100。

`genStuData()` 函数生成学生的数据。里层的循环用来生成学生的 ID，紧跟在循环后面的代码生成一个随机的成绩，并把成绩缀在 ID 的后面。主程序会把 ID 和成绩分离。散列函数将学生 ID 里的数字相加，使用 `simpleHash()` 函数计算出散列值。

例 8-4 使用前面定义的函数存储了一组学生和他们的成绩信息。

例 8-4　散列整型键

```
function getRandomInt (min, max) {
    return Math.floor(Math.random() * (max - min + 1)) + min;
}

function genStuData(arr) {
   for (var i = 0; i < arr.length; ++i) {
      var num = "";
      for (var j = 1; j <= 9; ++j) {
         num += Math.floor(Math.random() * 10);
```

```
        }
        num += getRandomInt(50,100);
        arr[i] = num;
    }
}

load("HashTable.js");
var numStudents = 10;
var arrSize = 97;
var idLen = 9;
var students = new Array(numStudents);
genStuData(students);
print ("Student data: \n");
for (var i = 0; i < students.length; ++i) {
   print(students[i].substring(0,8) + " " +
         students[i].substring(9));
}
print("\n\nData distribution: \n");
var hTable = new HashTable();
for (var i = 0; i < students.length; ++i) {
   hTable.put(students[i]);
}
hTable.showDistro();
```

程序输出如下：

```
Student data:

24553918 70
08930891 70
41819658 84
04591864 82
75760587 91
78918058 87
69774357 53
52158607 59
60644757 81
60134879 58


Data distribution:

41: 52158607059
42: 08930891470
47: 60644757681
50: 41819658384
53: 60134879958
54: 75760587691
61: 78918058787
```

散列函数再一次产生了碰撞，数组中没有包含所有的数据。事实上，如果将程序多跑几次，有时会出现正常的情况，但是结果太不一致了。可以通过修改数组的大小，或者在调用 put() 方法时使用更好的 betterHash() 函数，来试试能不能解决碰撞。通过使用更好的散列函数 betterHash()，得到的输出如下：

```
Student data:

74980904 65
26410578 93
37332360 87
86396738 65
16122144 78
75137165 88
70987506 96
04268092 84
95220332 86
55107563 68


Data distribution:

10: 75137165888
34: 95220332486
47: 70987506996
50: 74980904265
51: 86396738665
53: 55107563768
67: 04268092284
81: 37332360187
82: 16122144378
85: 26410578393
```

答案很明显：无论是字符串还是整型，betterHash() 的散列效果都更胜一筹。

8.2.4 对散列表排序、从散列表中取值

前面讲的是散列函数，现在学以致用，看看怎么使用散列表来存储数据。为此，需要修改 put() 方法，使得该方法同时接受键和数据作为参数，对键值散列后，将数据存储到散列表中。重新定义的 put() 方法如下：

```
function put(key, data) {
   var pos = this.betterHash(key);
   this.table[pos] = data;
}
```

put() 方法将键值散列化后，将数据存储到散列化后的键值对应在数组中的位置上。

接下来要定义 get() 方法，用以读取存储在散列表中的数据。该方法同样需要对键值进行散列化，然后才能知道数据到底存储在数组的什么位置。该方法的定义如下：

```
function get(key) {
   return this.table[this.betterHash(key)];
}
```

下面的这段程序测试了 put() 和 get() 方法：

```
load("Hashing.js");
var pnumbers = new HashTable();
var name, number;
for (var i = 0; i < 3; i++) {
   putstr("Enter a name (space to quit): ");
   name = readline();
   putstr("Enter a number: ");
   number = readline();
}  pnumbers.put(name, number);
name = "";
putstr("Name for number (Enter quit to stop): ");
while (name != "quit") {
   name = readline();
   if (name == "quit") {
      break;
   }
   print(name + "'s number is " + pnumbers.get(name));
   putstr("Name for number (Enter quit to stop): ");
}
```

这段程序提示用户输入三个人名和电话号码，然后根据人名获取其电话号码，键入 "quit" 程序退出。

8.3 碰撞处理

当散列函数对于多个输入产生同样的输出时，就产生了碰撞。散列算法的第二部分就将介绍如何解决碰撞，使所有的键都得以存储在散列表中。本节将讨论两种碰撞解决办法：开链法和线性探测法。

8.3.1 开链法

当碰撞发生时，我们仍然希望将键存储到通过散列算法产生的索引位置上，但实际上，不可能将多份数据存储到一个数组单元中。开链法是指实现散列表的底层数组中，每个数组元素又是一个新的数据结构，比如另一个数组，这样就能存储多个键了。使用这种技术，即使两个键散列后的值相同，依然被保存在同样的位置，只不过它们在第二个数组中的位置不一样罢了。图 8-2 展示了开链法的原理。

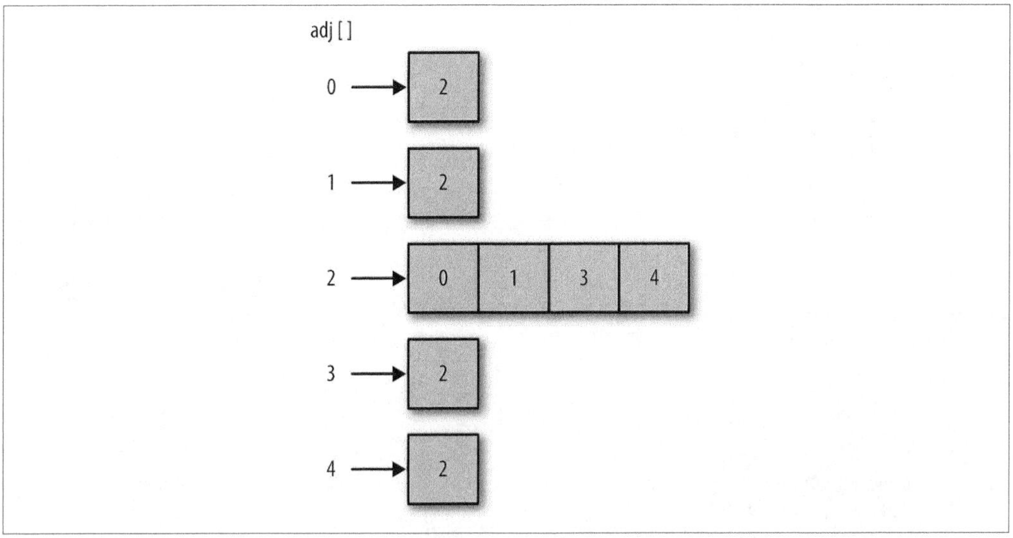

图 8-2：开链法

实现开链法的方法是：在创建存储散列过的键值的数组时，通过调用一个函数创建一个新的空数组，然后将该数组赋给散列表里的每个数组元素。这样就创建了一个二维数组（请参考第 3 章内容，以了解什么是二维数组）。下面的代码定义了一个函数 buildChains()，用来创建第二组数组，我们也称这个数组为链。这面这一小段代码用来演示如何使用 buildChains() 函数：

```
function buildChains() {
   for (var i = 0; i < this.table.length; ++i) {
      this.table[i] = new Array();
   }
}
```

将上述代码和函数的声明加入 HashTable 类。

测试开链法的代码如例 8-5 所示。

例 8-5　使用开链法避免碰撞

```
load("HashTable.js");
var hTable = new HashTable();
hTable.buildChains();
var someNames = ["David", "Jennifer", "Donnie", "Raymond",
                 "Cynthia", "Mike", "Clayton", "Danny", "Jonathan"];
for (var i = 0; i < someNames.length; ++i) {
   hTable.put(someNames[i]);
}
hTable.showDistro();
```

考虑到散列表现在使用多维数组存储数据，为了更好地显示使用了开链法后键值的分布，需对 showDistro() 方法做如下修改：

```
function showDistro() {
   var n = 0;
   for (var i = 0; i < this.table.length; ++i) {
      if (this.table[i][0] != undefined) {
         print(i + ": " + this.table[i]);
      }
   }
}
```

再运行例 8-5 中的代码，输出如下：

```
60: David
68: Jennifer
69: Mike
70: Donnie,Jonathan
78: Cynthia,Danny
88: Raymond,Clayton
```

使用了开链法后，要重新定义 put() 和 get() 方法。put() 方法将键值散列，散列后的值对应数组中的一个位置，先尝试将数据放到该位置上的数组中的第一个单元格，如果该单元格里已经有数据了，put() 方法会搜索下一个位置，直到找到能放置数据的单元格，并把数据存储进去。实现 put() 方法的代码如下：

```
function put(key, data) {
   var pos = this.betterHash(key);
   var index = 0;
   if (this.table[pos][index] == undefined) {
      this.table[pos][index+1] = data;
   }
   ++index;
   else {
      while (this.table[pos][index] != undefined) {
         ++index;
      }
      this.table[pos][index+1] = data;
   }
}
```

前面的例子只保存数据，新的 put() 方法则不同，它既保存数据，也保存键值。该方法使用链中两个连续的单元格，第一个用来保存键值，第二个用来保存数据。

get() 方法先对键值散列，根据散列后的值找到散列表中相应的位置，然后搜索该位置上的链，直到找到键值。如果找到，就将紧跟在键值后面的数据返回；如果没找到，就返回 undefined。代码如下：

```
function get(key) {
   var index = 0;
   var hash = this.betterHash(key);
```

```
        if (this.table[pos][index] = key) {
           return this.table[pos][index+1];
        }
        index += 2;
        else {
           while (this.table[pos][index] != key) {
              index += 2;
           }
           return this.table[pos][index+1];
        }
        return undefined;
     }
```

8.3.2 线性探测法

第二种处理碰撞的方法是*线性探测法*。线性探测法隶属于一种更一般化的散列技术：*开放寻址散列*。当发生碰撞时，线性探测法检查散列表中的下一个位置是否为空。如果为空，就将数据存入该位置；如果不为空，则继续检查下一个位置，直到找到一个空的位置为止。该技术是基于这样一个事实：每个散列表都会有很多空的单元格，可以使用它们来存储数据。

当存储数据使用的数组特别大时，选择线性探测法要比开链法好。这里有一个公式，常常可以帮助我们选择使用哪种碰撞解决办法：如果数组的大小是待存储数据个数的 1.5 倍，那么使用开链法；如果数组的大小是待存储数据的两倍及两倍以上时，那么使用线性探测法。

为了说明线性探测法的工作原理，可以重写 put() 和 get() 方法。为了实现一个真实的数据存取系统，需要为 HashTable 类增加一个新的数组，用来存储数据。数组 table 和 values 并行工作，当将一个键值保存到数组 table 中时，将数据存入数组 values 中相应的位置上。

在 HashTable 的构造函数中加入下面一行代码：

```
this.values = [];
```

在 put() 方法中使用线性探测技术：

```
function put(key, data) {
   var pos = this.betterHash(key);
   if (this.table[pos] == undefined) {
      this.table[pos] = key;
      this.values[pos] = data;
   }
   else {
      while (this.table[pos] != undefined) {
         pos++;
      }
```

```
        this.table[pos] = key;
        this.values[pos] = data;
    }
}
```

get() 方法先搜索键在散列表中的位置，如果找到，则返回数组 values 中对应位置上的数据；如果没有找到，则循环搜索，直到找到对应的键或者数组中的单元为 undefined 时，后者表示该键没有被存入散列表。代码如下：

```
function get(key) {
   var hash = -1;
   hash = this.betterHash(key);
   if (hash > -1) {
      for (var i = hash; this.table[hash] != undefined; i++) {
         if (this.table[hash] == key) {
            return this.values[hash];
         }
      }
   }
   return undefined;
}
```

8.4 练习

1. 使用线性探测法创建一个字典，用来保存单词的定义。该程序需要包含两个部分：第一部分从文本文件中读取一组单词和它们的定义，并将其存入散列表；第二部分让用户输入单词，程序给出该单词的定义。

2. 使用开链法重新实现练习 1。

3. 读取一个文本文件，使用散列显示该文件中出现的单词和它们在文件中出现的次数。

第 9 章

集合

集合（set）是一种包含不同元素的数据结构。集合中的元素称为成员。集合的两个最重要特性是：首先，集合中的成员是无序的；其次，集合中不允许相同成员存在。集合在计算机科学中扮演了非常重要的角色，然而在很多编程语言中，并不把集合当成一种数据类型。当你想要创建一个数据结构，用来保存一些独一无二的元素时，比如一段文本中用到的单词，集合就变得非常有用。本章讨论如何在 JavaScript 中创建 `Set` 类。

9.1 集合的定义、操作和属性

集合是由一组无序但彼此之间又有一定相关性的成员构成的，每个成员在集合中只能出现一次。在数学上，用大括号将一组成员括起来表示集合，比如 {0,1,2,3,4,5,6,7,8,9}。集合中成员的顺序是任意的，因此前面的集合也可以写做 {9,0,8,1,7,2,6,3,5,4}，或者其他任意形式的组合，但是必须保证每个成员只能出现一次。

9.1.1 集合的定义

下面是一些使用集合时必须了解的定义。

- 不包含任何成员的集合称为空集，全集则是包含一切可能成员的集合。
- 如果两个集合的成员完全相同，则称两个集合相等。
- 如果一个集合中所有的成员都属于另外一个集合，则前一集合称为后一集合的子集。

9.1.2　对集合的操作

对集合的基本操作有下面几种。

- 并集

  将两个集合中的成员进行合并，得到一个新集合。

- 交集

  两个集合中共同存在的成员组成一个新的集合。

- 补集

  属于一个集合而不属于另一个集合的成员组成的集合。

9.2　Set类的实现

Set 类的实现基于数组，数组用来存储数据。我们还为上文提到的对集合的操作定义了相应的方法。下面是构造函数的定义：

```
function Set() {
   this.dataStore = [];
   this.add = add;
   this.remove = remove;
   this.size = size;
   this.union = union;
   this.intersect = intersect;
   this.subset = subset;
   this.difference = difference;
   this.show = show;
}
```

让我们先来看看 add() 方法的定义：

```
function add(data) {
   if (this.dataStore.indexOf(data) < 0) {
      this.dataStore.push(data);
      return true;
   }
   else {
      return false;
   }
}
```

因为集合中不能包含相同的元素，所以，使用 add() 方法将数据存储到数组前，先要确保数组中不存在该数据。我们使用 indexOf() 检查新加入的元素在数组中是否存在。如果找到，该方法返回该元素在数组中的位置；如果没有找到，该方法返回 -1。如果数组中还未包含该元素，add() 方法会将新加元素保存到数组中并返回 true；否则，返回 false。将 add() 方法的返回值定义为布尔类型，可以明确告诉我们是否将一个元素成功加入到了集合中。

remove() 方法和 add() 方法的工作原理类似。首先检查待删元素是否在数组中，如果在，则使用数组的 splice() 方法删除该元素并返回 true；否则，返回 false，表示集合中并不存在这样一个元素。下面是 remove() 方法的定义：

```
function remove(data) {
   var pos = this.dataStore.indexOf(data);
   if (pos > -1) {
      this.dataStore.splice(pos,1);
      return true;
   }
   else {
      return false;
   }
}
```

在测试这些方法之前，先来定义 show() 方法，该方法可以显示集合中的成员：

```
function show() {
   return this.dataStore;
}
```

例 9-1 展示了如何使用截至目前的 Set 类。

例 9-1　使用 Set 类

```
load("set.js");
var names = new Set();
names.add("David");
names.add("Jennifer");
names.add("Cynthia");
names.add("Mike");
names.add("Raymond");
if (names.add("Mike")) {
   print("Mike added")
}
else {
   print("Can't add Mike, must already be in set");
}
print(names.show());
var removed = "Mike";
if (names.remove(removed)) {
   print(removed + " removed.");
}
else {
   print(removed + " not removed.");
}
names.add("Clayton");
print(names.show());
removed = "Alisa";
if (names.remove("Mike")) {
   print(removed + " removed.");
}
else {
   print(removed + " not removed.");
}
```

程序输出如下：

```
Can't add Mike, must already be in set
David,Jennifer,Cynthia,Mike,Raymond
Mike removed.
David,Jennifer,Cynthia,Raymond,Clayton
Alisa not removed.
```

9.3 更多集合操作

定义 union()、subset() 和 difference() 方法会更有意思。union() 方法执行并集操作，将两个集合合并成一个。该方法首先将第一个集合里的成员悉数加入一个临时集合，然后检查第二个集合中的成员，看它们是否也同时属于第一个集合。如果属于，则跳过该成员，否则就将该成员加入临时集合。

在定义 union() 方法前，先需要定义一个辅助方法 contains()，该方法检查一个成员是否属于该集合。此方法定义如下：

```
function contains(data) {
   if (this.dataStore.indexOf(data) > -1) {
      return true;
   }
   else {
      return false;
   }
}
```

现在可以开始定义 union() 方法了：

```
function union(set) {
   var tempSet = new Set();
   for (var i = 0; i < this.dataStore.length; ++i) {
      tempSet.add(this.dataStore[i]);
   }
   for (var i = 0; i < set.dataStore.length; ++i) {
      if (!tempSet.contains(set.dataStore[i])) {
         tempSet.dataStore.push(set.dataStore[i]);
      }
   }
   return tempSet;
}
```

例 9-2 演示了如何使用 union() 方法：

例 9-2　求两个集合的并集

```
load("set.js");
var cis = new Set();
cis.add("Mike");
cis.add("Clayton");
```

```
cis.add("Jennifer");
cis.add("Raymond");
var dmp = new Set();
dmp.add("Raymond");
dmp.add("Cynthia");
dmp.add("Jonathan");
var it = new Set();
it = cis.union(dmp);
print(it.show());
// 显示 Mike,Clayton,Jennifer,Raymond,Cynthia,Jonathan
```

可以使用 intersect() 方法求两个集合的交集。该方法定义起来相对简单。每当发现第一个集合的成员也属于第二个集合时，便将该成员加入一个新集合，这个新集合即为方法的返回值。定义如下：

```
function intersect(set) {
   var tempSet = new Set();
   for (var i = 0; i < this.dataStore.length; ++i) {
      if (set.contains(this.dataStore[i])) {
         tempSet.add(this.dataStore[i]);
      }
   }
   return tempSet;
}
```

例 9-3 演示了如何求两个集合的交集。

例 9-3　求两个集合的交集

```
load("set.js");
var cis = new Set();
cis.add("Mike");
cis.add("Clayton");
cis.add("Jennifer");
cis.add("Raymond");
var dmp = new Set();
dmp.add("Raymond");
dmp.add("Cynthia");
dmp.add("Bryan");
var inter = cis.intersect(dmp);
print(inter.show()); // 显示 Raymond
```

下一个要定义的操作是 subset()。subset() 方法首先要确定该集合的长度是否小于待比较集合。如果该集合比待比较集合还要大，那么该集合肯定不会是待比较集合的一个子集。当该集合的长度小于待比较集合时，再判断该集合内的成员是否都属于待比较集合。如果有任意一个成员不属于待比较集合，则返回 false，程序终止。如果一直比较完该集合的最后一个元素，所有元素都属于待比较集合，那么该集合就是待比较集合的一个子集，该方法返回 true。此方法定义如下：

```
function subset(set) {
   if (this.size() > set.size()) {
```

```
        return false;
    }
    else {
        for each (var member in this.dataStore) {
            if (!set.contains(member)) {
                return false;
            }
        }
    }
    return true;
}
```

在判断每个元素是否属于待比较集合前，该方法先使用 size() 方法对比两个集合的大小。size() 方法的定义如下：

```
function size() {
    return this.dataStore.length;
}
```

例 9-4 演示了如何判断一个集合是否是另一个集合的子集。

例 9-4　判断一个集合是否是另一个集合的子集

```
load("set.js");
var it = new Set();
it.add("Cynthia");
it.add("Clayton");
it.add("Jennifer");
it.add("Danny");
it.add("Jonathan");
it.add("Terrill");
it.add("Raymond");
it.add("Mike");
var dmp = new Set();
dmp.add("Cynthia");
dmp.add("Raymond");
dmp.add("Jonathan");
if (dmp.subset(it)) {
    print("DMP is a subset of IT.");
}
else {
    print("DMP is not a subset of IT.");
}
```

程序输出如下：

```
DMP is a subset of IT.
```

如果给集合 dmp 加入一个新成员：

```
dmp.add("Shirley");
```

这时程序输出：

```
DMP is not a subset of IT.
```

最后一个操作是 difference()，该方法返回一个新集合，该集合包含的是那些属于第一个集合但不属于第二个集合的成员。此方法定义如下：

```
function difference(set) {
   var tempSet = new Set();
   for (var i = 0; i < this.dataStore.length; ++i) {
      if (!set.contains(this.dataStore[i])) {
         tempSet.add(this.dataStore[i]);
      }
   }
   return tempSet;
}
```

例 9-5 展示了如何求两个集合的补集。

例 9-5　求两个集合的补集

```
load("set.js");
var cis = new Set();
var it = new Set();
cis.add("Clayton");
cis.add("Jennifer");
cis.add("Danny");
it.add("Bryan");
it.add("Clayton");
it.add("Jennifer");
var diff = new Set();
diff = cis.difference(it);
print("[" + cis.show() + "] difference [" + it.show()
      + "] -> [" + diff.show() + "]");
```

输出为：

```
[Clayton,Jennifer,Danny] difference [Bryan,Clayton,Jennifer] -> [Danny]
```

9.4　练习

1. 修改 Set 类，使里面的元素按顺序存储。写一段测试代码来测试你的修改。
2. 修改 Set 类，将存储方式从数组替换为链表。写一段测试代码来测试你的修改。
3. 为 Set 类增加一个 higher(element) 方法，该方法返回比传入元素大的元素中最小的那个。写一段测试代码来测试这个方法。
4. 为 Set 类增加一个 lower(element) 方法，该方法返回比传入元素小的元素中最大的那个。写一段测试代码来测试这个方法。

第 10 章

二叉树和二叉查找树

树是计算机科学中经常用到的一种数据结构。树是一种非线性的数据结构，以分层的方式存储数据。树被用来存储具有层级关系的数据，比如文件系统中的文件；树还被用来存储有序列表。本章将研究一种特殊的树：二叉树。选择树而不是那些基本的数据结构，是因为在二叉树上进行查找非常快（而在链表上查找则不是这样），为二叉树添加或删除元素也非常快（而对数组执行添加或删除操作则不是这样）。

10.1 树的定义

树由一组以边连接的节点组成。公司的组织结构图就是一个树的例子，参见图 10-1。

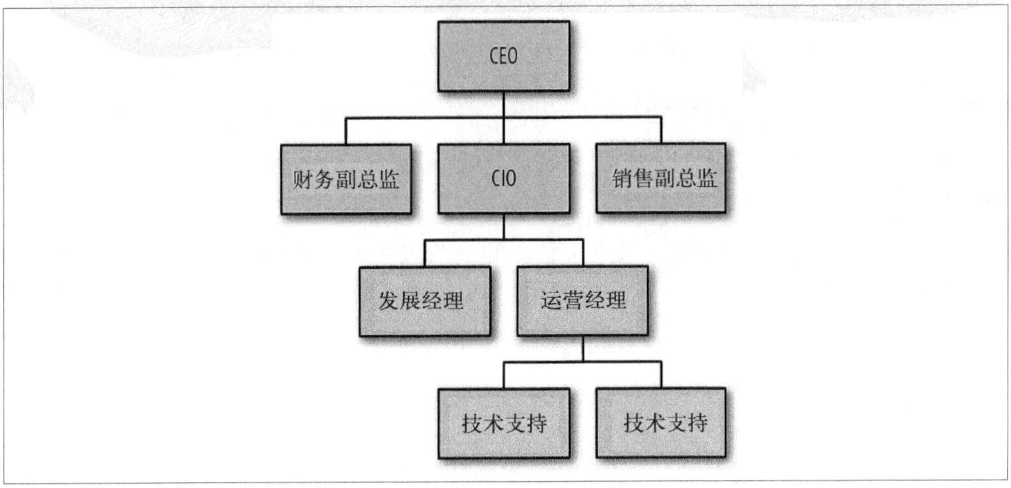

图 10-1：组织结构图就是一种树

组织结构图是用来描述一个组织的架构。在图 10-1 中，每个方框都是一个节点，连接方框的线叫做边。节点代表了该组织中的各个职位，边描述了各职位间的关系。比如，CIO 直接汇报给 CEO，那么两者就用一条边连接起来。开发经理向 CIO 汇报，也用一条边连接起来。销售副总监和开发经理没有直接的联系，因此两个节点间没有用一条边相连。

图 10-2 的树展示了更多有关树的术语，在后续讨论中将会提到。一棵树最上面的节点称为*根节点*，如果一个节点下面连接多个节点，那么该节点称为*父节点*，它下面的节点称为*子节点*。一个节点可以有 0 个、1 个或多个子节点。没有任何子节点的节点称为*叶子节点*。

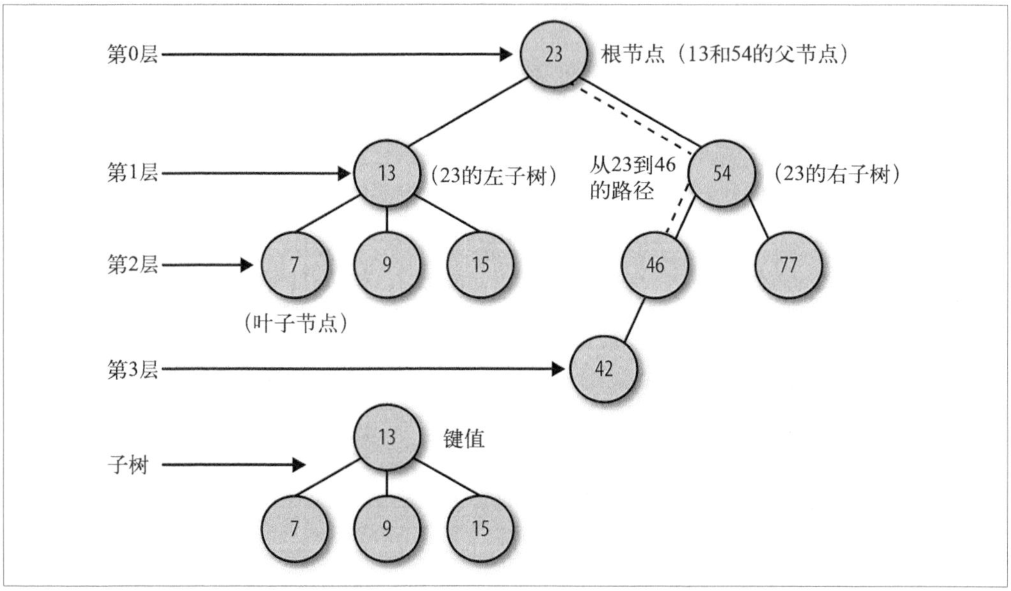

图 10-2：一棵树的局部

*二叉树*是一种特殊的树，它的子节点个数不超过两个。二叉树具有一些特殊的计算性质，使得在它们之上的一些操作异常高效。后续章节将深入讨论二叉树。

继续回到图 10-2，沿着一组特定的边，可以从一个节点走到另外一个与它不直接相连的节点。从一个节点到另一个节点的这一组边称为*路径*，在图中用虚线表示。以某种特定顺序访问树中所有的节点称为*树的遍历*。

树可以分为几个*层次*，根节点是第 0 层，它的子节点是第 1 层，子节点的子节点是第 2 层，以此类推。树中任何一层的节点可以都看做是子树的根，该子树包含根节点的子节点，子节点的子节点等。我们定义树的层数就是树的深度。

这种自上而下的树与人们的直觉相反。现实世界里，树的根是在底下的。在计算机科学里，自上而下的树则是个由来已久的习惯。事实上，计算机科学家高德纳曾经试图改变这个习惯，但没几个月他就发现，大多数计算机科学家都不愿用自然的、自下而上的方式描述树，于是，这件事也就只好不了了之。

最后，每个节点都有一个与之相关的值，该值有时被称为*键*。

10.2 二叉树和二叉查找树

正如前面提到的那样，*二叉树*每个节点的子节点不允许超过两个。通过将子节点的个数限定为 2，可以写出高效的程序在树中插入、查找和删除数据。

在使用 JavaScript 构建二叉树之前，需要给我们关于树的词典里再加两个新名词。一个父节点的两个子节点分别称为*左节点*和*右节点*。在一些二叉树的实现中，左节点包含一组特定的值，右节点包含另一组特定的值。图 10-3 展示了一棵二叉树。

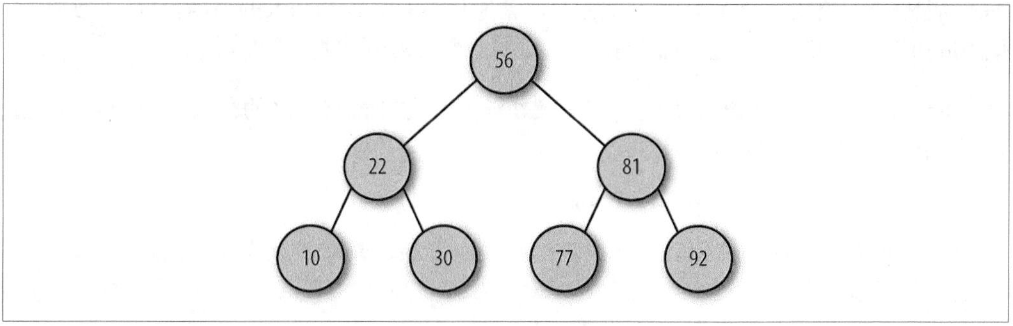

图 10-3：二叉树

当考虑某种特殊的二叉树，比如*二叉查找树*时，确定子节点非常重要。二叉查找树是一种特殊的二叉树，相对较小的值保存在左节点中，较大的值保存在右节点中。这一特性使得查找的效率很高，对于数值型和非数值型的数据，比如单词和字符串，都是如此。

10.2.1 实现二叉查找树

二叉查找树由节点组成，所以我们要定义的第一个对象就是 Node，该对象和前面介绍链表时的对象类似。Node 类的定义如下：

```
function Node(data, left, right) {
   this.data = data;
   this.left = left;
   this.right = right;
   this.show = show;
}

function show() {
   return this.data;
}
```

Node 对象既保存数据，也保存和其他节点的链接（left 和 right），show() 方法用来显示保存在节点中的数据。

现在可以创建一个类，用来表示二叉查找树（BST）。我们让类只包含一个数据成员：一个表示二叉查找树根节点的 Node 对象。该类的构造函数将根节点初始化为 null，以此创建一个空节点。

BST 先要有一个 insert() 方法，用来向树中加入新节点。这个方法有点复杂，需要着重讲解。首先要创建一个 Node 对象，将数据传入该对象保存。

其次检查 BST 是否有根节点，如果没有，那么这是棵新树，该节点就是根节点，这个方法到此也就完成了；否则，进入下一步。

如果待插入节点不是根节点，那么就需要准备遍历 BST，找到插入的适当位置。该过程类似于遍历链表。用一个变量存储当前节点，一层层地遍历 BST。

进入 BST 以后，下一步就要决定将节点放在哪个地方。找到正确的插入点时，会跳出循环。查找正确插入点的算法如下。

(1) 设根节点为当前节点。
(2) 如果待插入节点保存的数据小于当前节点，则设新的当前节点为原节点的左节点；反之，执行第 4 步。
(3) 如果当前节点的左节点为 null，就将新的节点插入这个位置，退出循环；反之，继续执行下一次循环。
(4) 设新的当前节点为原节点的右节点。
(5) 如果当前节点的右节点为 null，就将新的节点插入这个位置，退出循环；反之，继续执行下一次循环。

有了上面的算法，就可以开始实现 BST 类了。例 10-1 包含了 BST 类和 Node 类的定义。

例 10-1　BST 类和 Node 类

```
function Node(data, left, right) {
   this.data = data;
   this.left = left;
   this.right = right;
   this.show = show;
}

function show() {
   return this.data;
}

function BST() {
   this.root = null;
   this.insert = insert;
```

```
        this.inOrder = inOrder;
    }

    function insert(data) {
        var n = new Node(data, null, null);
        if (this.root == null) {
            this.root = n;
        }
        else {
            var current = this.root;
            var parent;
            while (true) {
                parent = current;
                if (data < current.data) {
                    current = current.left;
                    if (current == null) {
                        parent.left = n;
                        break;
                    }
                }
                else {
                    current = current.right;
                    if (current == null) {
                        parent.right = n;
                        break;
                    }
                }
            }
        }
    }
```

10.2.2 遍历二叉查找树

现在 BST 类已经初步成型，但是操作上还只能插入节点，我们需要有能力遍历 BST，这样就可以按照不同的顺序，比如按照数字大小或字母先后，显示节点上的数据。

有三种遍历 BST 的方式：*中序*、*先序*和*后序*。中序遍历按照节点上的键值，以升序访问 BST 上的所有节点。先序遍历先访问根节点，然后以同样方式访问左子树和右子树。后序遍历先访问叶子节点，从左子树到右子树，再到根节点。

需要中序遍历的原因显而易见，但为什么需要先序遍历和后序遍历就不是那么明显了。我们先来实现这三种遍历方式，在后续章节中再解释它们的用途。

中序遍历使用递归的方式最容易实现。该方法需要以升序访问树中所有节点，先访问左子树，再访问根节点，最后访问右子树。如果你还不熟悉递归，请参考第 1 章有关如何写递归函数那一节。

中序遍历的代码如下：

```
function inOrder(node) {
   if (!(node == null)) {
      inOrder(node.left);
      putstr(node.show() + " ");
      inOrder(node.right);
   }
}
```

例 10-2 提供了一段代码用于测试中序遍历。

例 10-2　BST 的中序遍历

```
var nums = new BST();
nums.insert(23);
nums.insert(45);
nums.insert(16);
nums.insert(37);
nums.insert(3);
nums.insert(99);
nums.insert(22);
print("Inorder traversal: ");
inOrder(nums.root);
```

输出为：

```
Inorder traversal:
3 16 22 23 37 45 99
```

图 10-4 展示了 `inOrder()` 方法的访问路径。

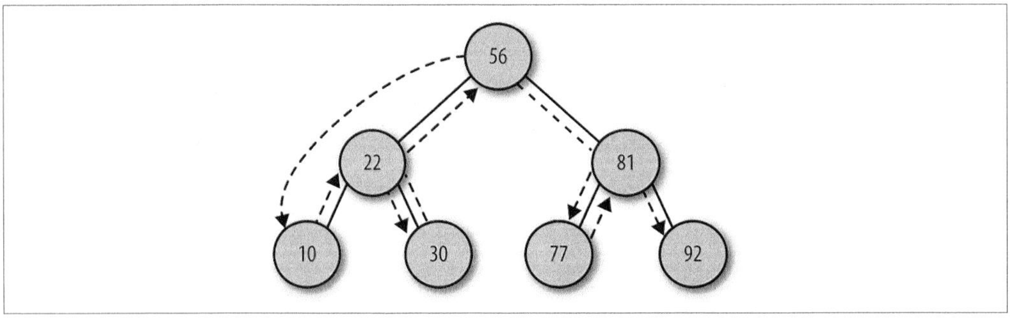

图 10-4：中序遍历的访问路径

先序遍历的定义如下：

```
function preOrder(node) {
   if (!(node == null)) {
      putstr(node.show() + " ");
      preOrder(node.left);
      preOrder(node.right);
   }
}
```

注意 inOrder() 和 preOrder() 方法的唯一区别，就是 if 语句中代码的顺序。在 inOrder() 方法中，show() 函数像三明治一样夹在两个递归调用之间；在 preOrder() 方法中，show() 函数放在两个递归调用之前。

图 10-5 展示了先序遍历的访问路径。

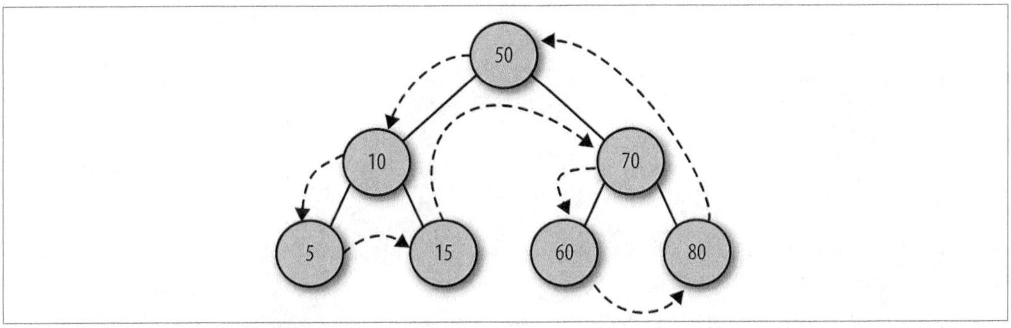

图 10-5：先序遍历的访问路径

将 preOrder() 方法加入前面的程序，得到的输出如下：

```
Inorder traversal:
3 16 22 23 37 45 99

Preorder traversal:
23 16 3 22 45 37 99
```

后序遍历的访问路径如图 10-6 所示。

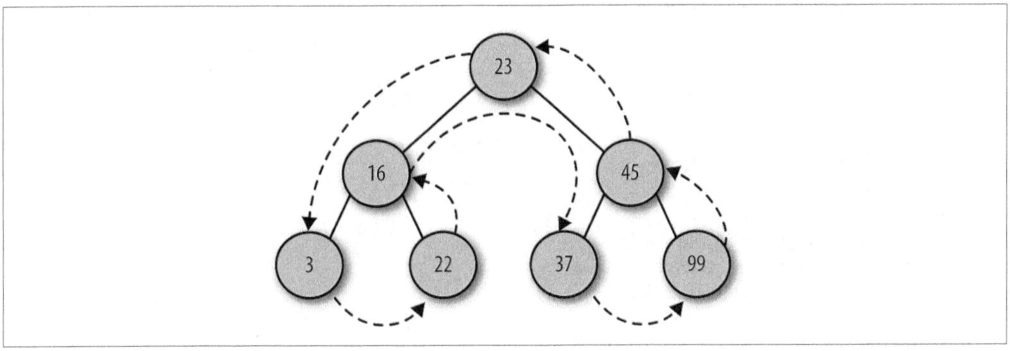

图 10-6：后序遍历的访问路径

postOrder() 方法的实现如下：

```
function postOrder(node) {
   if (!(node == null)) {
      postOrder(node.left);
```

```
        postOrder(node.right);
        putstr(node.show() + " ");
    }
}
```

将该方法也加入前面的测试程序，得到的输出如下：

```
Inorder traversal:
3 16 22 23 37 45 99

Preorder traversal:
23 16 3 22 45 37 99

Postorder traversal:
3 22 16 37 99 45 23
```

本章后面将展示在 BST 上使用这几种遍历方式的实际案例。

10.3　在二叉查找树上进行查找

对 BST 通常有下列三种类型的查找：

(1) 查找给定值；
(2) 查找最小值；
(3) 查找最大值。

我们将在下面的章节中讨论这三种查找方式。

10.3.1　查找最小值和最大值

查找 BST 上的最小值和最大值非常简单。因为较小的值总是在左子节点上，在 BST 上查找最小值，只需要遍历左子树，直到找到最后一个节点。

getMin() 方法查找 BST 上的最小值，该方法的定义如下：

```
function getMin() {
   var current = this.root;
   while (!(current.left == null)) {
      current = current.left;
   }
   return current.data;
}
```

该方法沿着 BST 的左子树挨个遍历，直到遍历到 BST 最左边的节点，该节点被定义为：

```
current.left = null;
```

这时，当前节点上保存的值就是最小值。

在 BST 上查找最大值，只需要遍历右子树，直到找到最后一个节点，该节点上保存的值即为最大值。

getMax() 方法的定义如下：

```
function getMax() {
   var current = this.root;
   while (!(current.right == null)) {
      current = current.right;
   }
   return current.data;
}
```

例 10-3 使用前面用过的 BST 数据测试了 getMin() 和 getMax() 方法。

例 10-3　测试 getMin() 方法和 getMax() 方法

```
var nums = new BST();
nums.insert(23);
nums.insert(45);
nums.insert(16);
nums.insert(37);
nums.insert(3);
nums.insert(99);
nums.insert(22);
var min = nums.getMin();
print("The minimum value of the BST is: " + min);
print("\n");
var max = nums.getMax();
print("The maximum value of the BST is: " + max);
```

程序输出如下：

```
The minimum value of the BST is: 3
The maximum value of the BST is: 99
```

这两个方法返回最小值和最大值，但有时，我们希望方法返回存储最小值和最大值的节点。这很好实现，只需要修改方法，让它返当前回节点，而不是节点中存储的数据即可。

10.3.2　查找给定值

在 BST 上查找给定值，需要比较该值和当前节点上的值的大小。通过比较，就能确定如果给定值不在当前节点时，该向左遍历还是向右遍历。

find() 方法用来在 BST 上查找给定值，定义如下：

```
function find(data) {
    var current = this.root;
    while (current != null) {
        if (current.data == data) {
```

```
            return current;
        }
        else if (data < current.data) {
            current = current.left;
        }
        else {
            current = current.right;
        }
    }
    return null;
}
```

如果找到给定值，该方法返回保存该值的节点；如果没找到，该方法返回 null。

例 10-4 提供了一段代码来测试 find() 方法。

例 10-4　使用 find() 方法查找给定值

```
load("BST");
var nums = new BST();
nums.insert(23);
nums.insert(45);
nums.insert(16);
nums.insert(37);
nums.insert(3);
nums.insert(99);
nums.insert(22);
inOrder(nums.root);
print("\n");
putstr("Enter a value to search for: ");
var value = parseInt(readline());
var found = nums.find(value);
if (found != null) {
   print("Found " + value + " in the BST.");
}
else {
   print(value + " was not found in the BST.");
}
```

输出如下：

```
3 16 22 23 37 45 99

Enter a value to search for: 23
Found 23 in the BST.
```

10.4　从二叉查找树上删除节点

从 BST 上删除节点的操作最复杂，其复杂程度取决于删除哪个节点。如果删除没有子节点的节点，那么非常简单。如果节点只有一个子节点，不管是左子节点还是右子节点，就变得稍微有点复杂了。删除包含两个子节点的节点最复杂。

为了管理删除操作的复杂度，我们使用递归操作，同时定义两个方法：remove() 和 removeNode()。

从 BST 中删除节点的第一步是判断当前节点是否包含待删除的数据，如果包含，则删除该节点；如果不包含，则比较当前节点上的数据和待删除的数据。如果待删除数据小于当前节点上的数据，则移至当前节点的左子节点继续比较；如果删除数据大于当前节点上的数据，则移至当前节点的右子节点继续比较。

如果待删除节点是叶子节点（没有子节点的节点），那么只需要将从父节点指向它的链接指向 null。

如果待删除节点只包含一个子节点，那么原本指向它的节点就得做些调整，使其指向它的子节点。

最后，如果待删除节点包含两个子节点，正确的做法有两种：要么查找待删除节点左子树上的最大值，要么查找其右子树上的最小值。这里我们选择后一种方式。

我们需要一个查找子树上最小值的方法，后面会用它找到的最小值创建一个临时节点。将临时节点上的值复制到待删除节点，然后再删除临时节点。

整个删除过程由两个方法完成。remove() 方法只是简单地接受待删除数据，调用 removeNode() 删除它，后者才是完成主要工作的方法。两个方法的定义如下：

```
function remove(data) {
   root = removeNode(this.root, data);
}

function removeNode(node, data) {
   if (node == null) {
      return null;
   }
   if (data == node.data) {
      // 没有子节点的节点
      if (node.left == null && node.right == null) {
         return null;
      }
      // 没有左子节点的节点
      if (node.left == null) {
         return node.right;
      }
      // 没有右子节点的节点
      if (node.right == null) {
         return node.left;
      }
      // 有两个子节点的节点
      var tempNode = getSmallest(node.right);
```

```
            node.data = tempNode.data;
            node.right = removeNode(node.right, tempNode.data);
            return node;
        }
        else if (data < node.data) {
            node.left = removeNode(node.left, data);
            return node;
        }
        else {
            node.right = removeNode(node.right, data);
            return node;
        }
    }
```

10.5 计数

BST 的一个用途是记录一组数据集中数据出现的次数。比如，可以使用 BST 记录考试成绩的分布。给定一组考试成绩，可以写一段程序将它们加入一个 BST，如果某成绩尚未在 BST 中出现，就将其加入 BST；如果已经出现，就将出现的次数加 1。

为了解决该问题，我们来修改 Node 对象，为其增加一个记录成绩出现频次的成员，同时我们还需要一个方法，当在 BST 中发现某成绩时，需要将出现的次数加 1，并且更新该节点。

先修改 Node 对象的定义，为其增加记录成绩出现次数的成员：

```
function Node(data, left, right) {
    this.data = data;
    this.count = 1;
    this.left = left;
    this.right = right;
    this.show = show;
}
```

当向 BST 插入一条成绩（Node 对象）时，将出现频次设为 1。此时 BST 的 insert() 方法还能正常工作，但是，当次数增加时，我们就需要一个新方法来更新 BST 中的节点。这个方法就是 update()：

```
function update(data) {
    var grade = this.find(data);
    grade.count++;
    return grade;
}
```

BST 类的其他方法不需要修改，只需要再增加一些随机产生成绩及显示它们的函数：

```
function prArray(arr) {
   putstr(arr[0].toString() + ' ');
   for (var i = 1; i < arr.length; ++i) {
      putstr(arr[i].toString() + ' ');
      if (i % 10 == 0) {
         putstr("\n");
      }
   }
}


function genArray(length) {
   var arr = [];
   for (var i = 0; i < length; ++i) {
      arr[i] = Math.floor(Math.random() * 101);
   }
   return arr;
}
```

例 10-5 的程序测试了可以记录成绩出现次数的新代码。

例 10-5　记录一组数据集中不同成绩出现的次数

```
function prArray(arr) {
   putstr(arr[0].toString() + ' ');
   for (var i = 1; i < arr.length; ++i) {
      putstr(arr[i].toString() + ' ');
      if (i % 10 == 0) {
         putstr("\n");
      }
   }
}


function genArray(length) {
   var arr = [];
   for (var i = 0; i < length; ++i) {
      arr[i] = Math.floor(Math.random() * 101);
   }
   return arr;
}

load("BST"); // 记得将 update() 方法加进 BST 类定义

var grades = genArray(100);
prArray(grades);
var gradedistro = new BST();
for (var i = 0; i < grades.length; ++i) {
   var g = grades[i];
   var grade = gradedistro.find(g);
   if (grade == null) {
      gradedistro.insert(g);
```

```
      }
      else {
         gradedistro.update(g);
      }
   }
   var cont = "y";

   while (cont == "y") {
      putstr("\n\nEnter a grade: ");
      var g = parseInt(readline());
      var aGrade = gradedistro.find(g);
      if (aGrade == null) {
         print("No occurrences of " + g);
      }
      else {
         print("Occurrences of " + g + ": " + aGrade.count);
      }
      putstr("Look at another grade (y/n)? ");
      cont = readline();
   }
```

下面是作者运行该程序时得到的一次输出：

```
25 32 24 92 80 46 21 85 23 22 3
24 43 4 100 34 82 76 69 51 44
92 54 1 88 4 66 62 74 49 18
15 81 95 80 4 64 13 30 51 21
12 64 82 81 38 100 17 76 62 32
3 24 47 86 49 100 49 81 100 49
80 0 28 79 34 64 40 81 35 23
95 90 92 13 28 88 31 82 16 93
12 92 52 41 27 53 31 35 90 21
22 66 87 80 83 66 3 6 18

Enter a grade: 78
No occurrences of 78
Look at another grade (y/n)? y

Enter a grade: 65
No occurrences of 65
Look at another grade (y/n)? y

Enter a grade: 23
Occurrences of 23: 2
Look at another grade (y/n)? y

Enter a grade: 89
No occurrences of 89
Look at another grade (y/n)? y

Enter a grade: 100
Occurrences of 100: 4
Look at another grade (y/n)? n
```

10.6 练习

1. 为 BST 类增加一个新方法，该方法返回 BST 中节点的个数。

2. 为 BST 类增加一个新方法，该方法返回 BST 中边的个数。

3. 为 BST 类增加一个新方法 max()，该方法返回 BST 中的最大值。

4. 为 BST 类增加一个新方法 min()，该方法返回 BST 中的最小值。

5. 写一段程序，读入一个较大的文本文件，并将其中的单词保存到 BST 中，显示每个单词在文本中出现的次数。

第 11 章

图和图算法

尽管包括数学家在内的研究者对网络的研究已经持续了数百年，但本世纪这十几年对网络的研究无疑是各种科学分支的重要策源地之一。计算机技术（如互联网）和社会理论（如“六度空间理论”引爆的社交网络）再度把人们的目光吸引到网络研究上，更不用说社交媒体了。

本章将讨论如何用图给网络建模。我们会定义图是什么，如何用 JavaScript 表示图，如何实现重要的图算法。我们还将讨论，用到图时选择正确数据表示的重要性，因为图算法的效率很大程度上取决于用来表示这个图的数据结构。

11.1 图的定义

图由边的集合及顶点的集合组成。看看美国的州地图，每两个城镇都由某种道路相连。地图，就是一种图，上面的每个城镇可以看作一个顶点，连接城镇的道路便是边。边由顶点对 (v1,v2) 定义，v1 和 v2 分别是图中的两个顶点。顶点也有权重，也称为成本。如果一个图的顶点对是有序的，则可以称之为有向图。在对有向图中的顶点对排序后，便可以在两个顶点之间绘制一个箭头。有向图表明了顶点的流向。计算机程序中用来表明计算方向的流程图就是一个有向图的例子。图 11-1 展示了一个有向图。

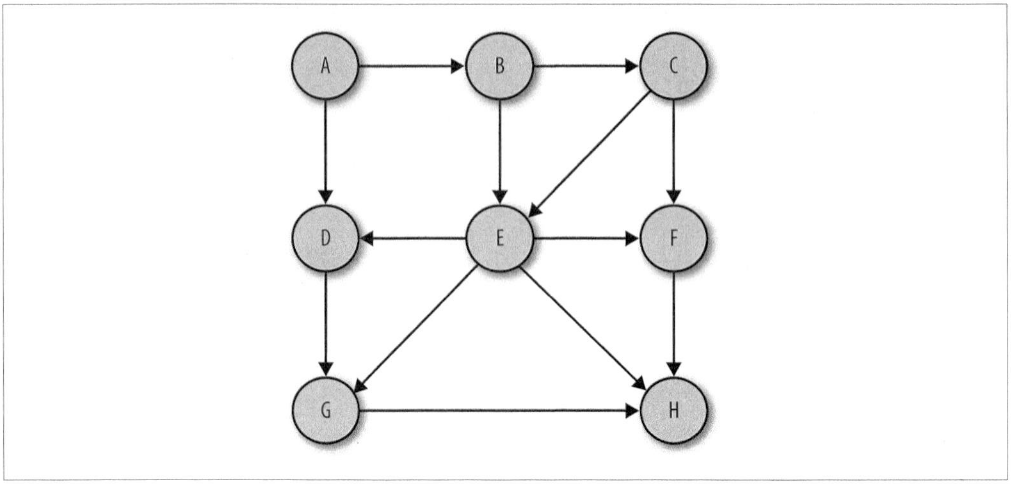

图 11-1：有向图

如果图是无序的，则称之为无序图，或无向图。图 11-2 展示了一个无序图。

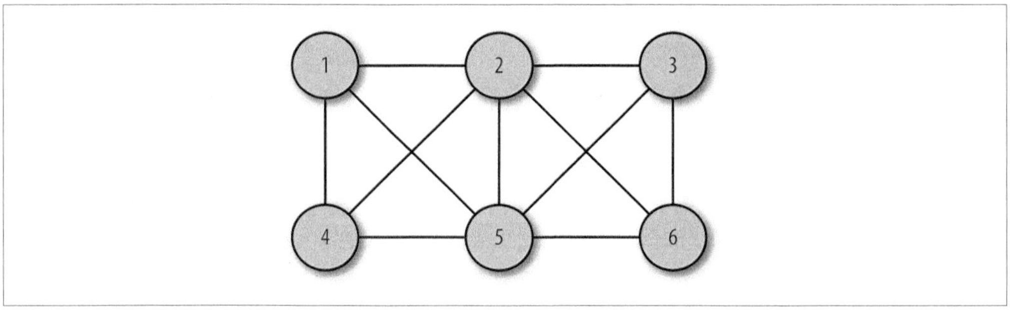

图 11-2：无序图

图中的一系列顶点构成路径，路径中所有的顶点都由边连接。路径的长度用路径中第一个顶点到最后一个顶点之间边的数量表示。由指向自身的顶点组成的路径称为环，环的长度为 0。

圈是至少有一条边的路径，且路径的第一个顶点和最后一个顶点相同。无论是有向图还是无向图，只要是没有重复边或重复顶点的圈，就是一个简单圈。除了第一个和最后一个顶点以外，路径的其他顶点有重复的圈称为平凡圈。

如果两个顶点之间有路径，那么这两个顶点就是强连通的，反之亦然。如果有向图的所有的顶点都是强连通的，那么这个有向图也是强连通的。

11.2 用图对现实中的系统建模

可以用图对现实中的很多系统建模。比如对交通流量建模，顶点可以表示街道的十字路口，边可以表示街道。加权的边可以表示限速或者车道的数量。建模人员可以用这个系统来判最佳路线及最有可能堵车的街道。

任何运输系统都可以用图来建模。比如，航空公司可以用图来为其飞行系统建模。将每个机场看成顶点，将经过两个顶点的每条航线看作一条边。加权的边可以表示从一个机场到另一个机场的航班成本，或两个机场间的距离，这取决于建模的对象是什么。

包含局域网和广域网（如互联网）在内的计算机网络，同样经常用图来建模。另一个可以用图来建模的现实系统是消费市场，顶点可以用来表示供应商和消费者。

11.3 图类

乍一看，图和树或者二叉树很像，你可能会尝试用树的方式去创建一个图类，用节点来表示每个顶点。但这种情况下，如果用基于对象的方式去处理就会有问题，因为图可能增长到非常大。用对象来表示图很快就会变得效率低下，所以我们要考虑表示顶点和边的其他方案。

11.3.1 表示顶点

创建图类的第一步就是要创建一个 Vertex 类来保存顶点和边。这个类的作用与链表和二叉搜索树的 Node 类一样。Vertex 类有两个数据成员：一个用于标识顶点，另一个是表明这个顶点是否被访问过的布尔值。它们分别被命名为 label 和 wasVisited。这个类只需要一个函数，那就是为顶点的数据成员设定值的构造函数。Vertex 类的代码如下所示：

```
function Vertex(label wasVisited) {
   this.label = label;
   this.wasVisited = wasVisited
}
```

我们将所有顶点保存到数组中，在图类里，可以通过它们在数组中的位置引用它们。

11.3.2 表示边

图的实际信息都保存在边上面，因为它们描述了图的结构。我们很容易像之前提到的那样用二叉树的方式去表示图，这是不对的。二叉树的表现形式相当固定，一个父节点只能有两个子节点，而图的结构却要灵活得多，一个顶点既可以有一条边，也可以有多条边与它相连。

我们将表示图的边的方法称为*邻接表*或者*邻接表数组*。这种方法将边存储为由顶点的相邻顶点列表构成的数组，并以此顶点作为索引。使用这种方案，当我们在程序中引用一个顶点时，可以高效地访问与这个顶点相连的所有顶点的列表。比如，如果顶点 2 与顶点 0、1、3、4 相连，并且它存储在数组中索引为 2 的位置，那么，访问这个元素，我们可以访问到索引为 2 的位置处由顶点 0、1、3、4 组成的数组。本章将选用这种表示方法，参见示意图 11-3。

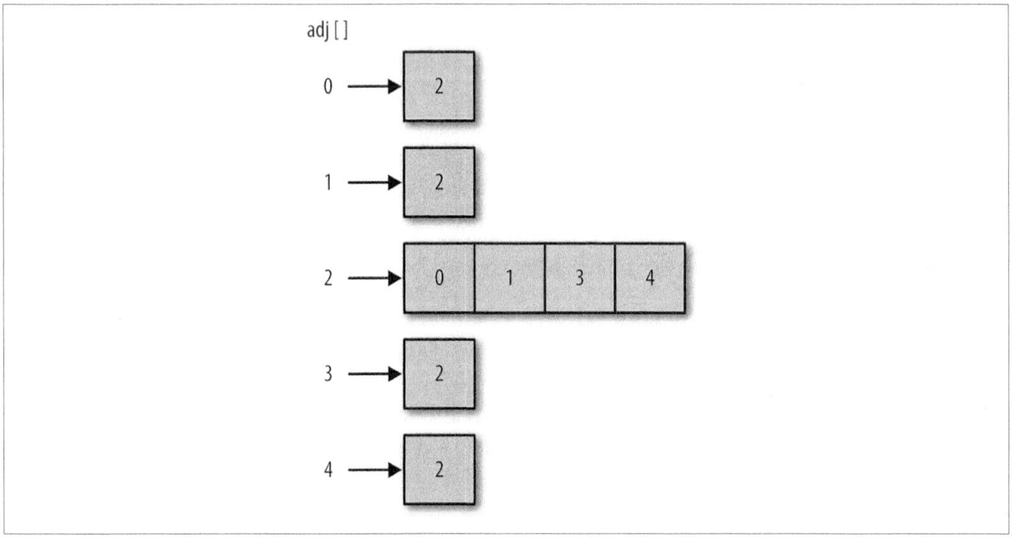

图 11-3：邻接表

另一种表示图边的方法被称为*邻接矩阵*。它是一个二维数组，其中的元素表示两个顶点之间是否有一条边。

11.3.3 构建图

确定了如何在代码中表示图之后，构建一个表示图的类就很容易了。下面是第一个 Graph 类的定义：

```
function Graph(v) {
   this.vertices = v;
   this.edges = 0;
   this.adj = [];
   for (var i = 0; i < this.vertices; ++i) {
      this.adj[i] = [];
      this.adj[i].push("");
   }
   this.addEdge = addEdge;
   this.toString = toString;
}
```

这个类会记录一个图表示了多少条边，并使用一个长度与图的顶点数相同的数组来记录顶点的数量。通过 for 循环为数组中的每个元素添加一个子数组来存储所有的相邻顶点，并将所有元素初始化为空字符串。

addEdge() 函数定义如下：

```
function addEdge(v, w) {
   this.adj[v].push(w);
   this.adj[w].push(v);
   this.edges++;
}
```

当调用这个函数并传入顶点 A 和 B 时，函数会先查找顶点 A 的邻接表，将顶点 B 添加到列表中，然后再查找顶点 B 的邻接表，将顶点 A 加入列表。最后，这个函数会将边数加 1。

showGraph() 函数会通过打印所有顶点及其相邻顶点列表的方式来显示图：

```
function showGraph() {
   for (var i = 0; i < this.vertices; ++i) {
      putstr(i + "->");
      for (var j = 0; j < this.vertices; ++j) {
         if (this.adj[i][j] != undefined)
            putstr(this.adj[i][j] + ' ');
      }
      print();
   }
}
```

例 11-1 展示了一个 Graph 类的完整定义。

例 11-1　Graph 类

```
function Graph(v) {
   this.vertices = v;
   this.edges = 0;
   this.adj = [];
   for (var i = 0; i < this.vertices; ++i) {
      this.adj[i] = [];
      this.adj[i].push("");
   }
   this.addEdge = addEdge;
   this.showGraph = showGraph;
}


function addEdge(v, w) {
   this.adj[v].push(w);
   this.adj[w].push(v);
   this.edges++;
}

function showGraph() {
   for (var i = 0; i < this.vertices; ++i) {
```

```
            putstr(i + " -> ");
            for (var j = 0; j < this.vertices; ++j ) {
               if (this.adj[i][j] != undefined) {
                  putstr(this.adj[i][j] + '  ');
               }
            }
            print();
         }
      }
```

以下测试程序演示了 Graph 类的用法：

```
load("Graph.js");
g = new Graph(5);
g.addEdge(0,1);
g.addEdge(0,2);
g.addEdge(1,3);
g.addEdge(2,4);
g.showGraph();
```

程序的输出结果为：

```
0 -> 1 2
1 -> 0 3
2 -> 0 4
3 -> 1
4 -> 2
```

以上输出显示，顶点 0 有到顶点 1 和顶点 2 的边；顶点 1 有到顶点 0 和顶点 3 的边；顶点 2 有到顶点 0 和 4 的边；顶点 3 有到顶点 1 的边；顶点 4 有到顶点 2 的边。当然，这种显示存在冗余，例如，顶点 0 和 1 之间的边和顶点 1 到 0 之间的边相同。如果只是为了显示，这样是不错的，但是在开始探索图的路径之前，需要调整一下输出。

11.4 搜索图

确定从一个指定的顶点可以到达其他哪些顶点，这是经常对图执行的操作。我们可能想通过地图了解到从一个城镇到另一个城镇有哪些路，或者从一个机场到其他机场有哪些航班。

图上的这些操作是用搜索算法执行的。在图上可以执行两种基础搜索：深度优先搜索和广度优先搜索。本节将仔细研究这两种算法。

11.4.1 深度优先搜索

深度优先搜索包括从一条路径的起始顶点开始追溯，直到到达最后一个顶点，然后回溯，继续追溯下一条路径，直到到达最后的顶点，如此往复，直到没有路径为止。这不是在搜索特定的路径，而是通过搜索来查看在图中有哪些路径可以选择。图 11-4 演示了深度优先搜索的搜索过程。

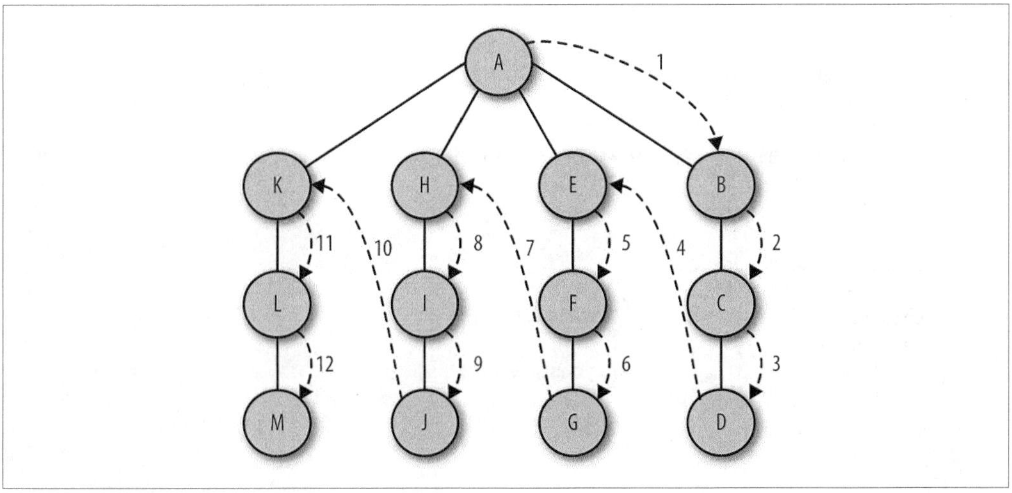

图 11-4：深度优先搜索

深度优先搜索算法比较简单：访问一个没有访问过的顶点，将它标记为已访问，再递归地去访问在初始顶点的邻接表中其他没有访问过的顶点。

要让该算法运行，需要为 Graph 类添加一个数组，用来存储已访问过的顶点，将它所有元素的值全部初始化为 false。Graph 类的代码片段演示了这个新数组及其初始化过程，如下所示：

```
this.marked = [];
for (var i = 0; i < this.vertices; ++i ) {
   this.marked[i] = false;
}
```

现在我们可以开始编写深度优先搜索函数：

```
function dfs(v) {
   this.marked[v] = true;
   // 用于输出的 if 语句在这里不是必须的
   if (this.adj[v] != undefined)
      print("Visited vertex:  " + v);
   for each(var w in this.adj[v]) {
      if (!this.marked[w]) {
         this.dfs(w);
      }
   }
}
```

注意，代码中用到了 print() 函数，这样我们可以查看当前正在访问的顶点。当然，dfs() 函数不需要 print() 也能正常运行。

例 11-2 中的程序演示了 depthFirst() 函数及完整的 Graph 类的定义。

例 11-2　执行深度优先搜索

```
function Graph(v) {
   this.vertices = v;
   this.edges = 0;
   this.adj = [];
   for (var i = 0; i < this.vertices; ++i) {
      this.adj[i] = [];
      this.adj[i].push("");
   }
   this.addEdge = addEdge;
   this.showGraph = showGraph;
   this.dfs = dfs;
   this.marked = [];
   for (var i = 0; i < this.vertices; ++i) {
      this.marked[i] = false;
   }
}


function addEdge(v, w) {
   this.adj[v].push(w);
   this.adj[w].push(v);
   this.edges++;
}

function showGraph() {
   for (var i = 0; i < this.vertices; ++i) {
      putstr(i + " -> ");
      for (var j = 0; j < this.vertices; ++j) {
         if (this.adj[i][j] != undefined)
             putstr(this.add[i][j] + '  ');
      }
      print();
   }
}

function dfs(v) {
   this.marked[v] = true;
   if (this.adj[v] != undefined) {
      print("Visited vertex:  " + v);
   }
   for each(var w in this.adj[v]) {
      if (!this.marked[w]) {
         this.dfs(w);
      }
   }
}

// 测试 dfs() 函数的程序
```

```
load("Graph.js");
g = new Graph(5);
g.addEdge(0, 1);
g.addEdge(0,2);
g.addEdge(1,3);
g.addEdge(2,4);
g.showGraph();
g.dfs(0);
```

以上程序的输出结果为：

```
0 -> 1 2
1 -> 0 3
2 -> 0 4
3 -> 1
4 -> 2
Visited vertex: 0
Visited vertex: 1
Visited vertex: 3
Visited vertex: 2
Visited vertex: 4
```

11.4.2 广度优先搜索

广度优先搜索从第一个顶点开始，尝试访问尽可能靠近它的顶点。本质上，这种搜索在图上是逐层移动的，首先检查最靠近第一个顶点的层，再逐渐向下移动到离起始顶点最远的层。图 11-5 演示了广度优先搜索的搜索过程。

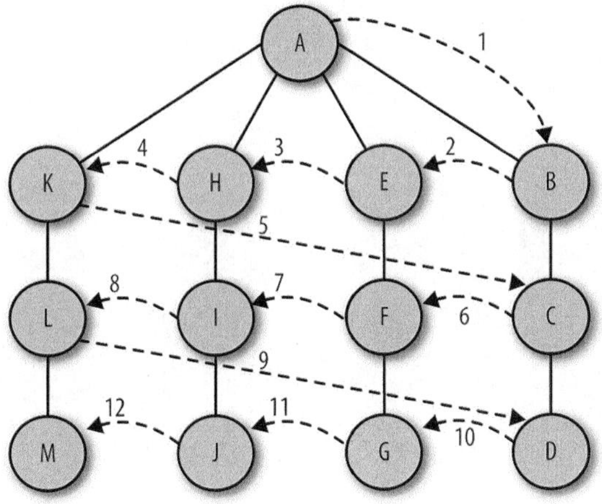

图 11-5：广度优先搜索

广度优先搜索算法使用了抽象的队列而不是数组来对已访问过的顶点进行排序。其算法的工作原理如下：

(1) 查找与当前顶点相邻的未访问顶点，将其添加到已访问顶点列表及队列中；

(2) 从图中取出下一个顶点 v，添加到已访问的顶点列表；

(3) 将所有与 v 相邻的未访问顶点添加到队列。

以下是广度优先搜索函数的定义：

```
function bfs(s) {
   var queue = [];
   this.marked[s] = true;
   queue.push(s); // 添加到队尾
   while (queue.length > 0) {
      var v = queue.shift(); // 从队首移除
      if (this.adj[v]! = undefined) {
         print("Visited vertex:  " + v);
      }
      for each(var w in this.adj[v]) {
         if (!this.marked[w]) {
            this.marked[w] = true;
            queue.push(w);
         }
      }
   }
}
```

广度优先搜索函数的测试程序如例 11-3 所示。

例 11-3　执行广度优先搜索

```
load("Graph.js");
g = new Graph(5);
g.addEdge(0, 1);
g.addEdge(0, 2);
g.addEdge(1, 3);
g.addEdge(2, 4);
g.showGraph();
g.bfs(0);
```

以上程序的输出结果为：

```
0 -> 1 2
1 -> 0 3
2 -> 0 4
3 -> 1
4 -> 2
Visited vertex: 0
Visited vertex: 1
Visited vertex: 2
Visited vertex: 3
Visited vertex: 4
```

11.5 查找最短路径

图最常见的操作之一就是寻找从一个顶点到另一个顶点的最短路径。考虑下面的例子：假期中，你将在两个星期的时间里游历 10 个大联盟城市，去观看棒球比赛。你希望通过最短路径算法，找出开车游历这 10 个城市行驶的最小里程数。另一个最短路径问题涉及创建一个计算机网络时的开销，其中包括两台电脑之间传递数据的时间，或者两台电脑建立和维护连接的成本。最短路径算法可以帮助确定构建此网络的最有效方法。

11.5.1 广度优先搜索对应的最短路径

在执行广度优先搜索时，会自动查找从一个顶点到另一个相连顶点的最短路径。例如，要查找从顶点 A 到顶点 D 的最短路径，我们首先会查找从 A 到 D 是否有任何一条单边路径，接着查找两条边的路径，以此类推。这正是广度优先搜索的搜索过程，因此我们可以轻松地修改广度优先搜索算法，找出最短路径。

11.5.2 确定路径

要查找最短路径，需要修改广度优先搜索算法来记录从一个顶点到另一个顶点的路径。这需要对 Graph 类做一些修改。

首先，需要一个数组来保存从一个顶点到下一个顶点的所有边。我们将这个数组命名为 edgeTo。因为从始至终使用的都是广度优先搜索函数，所以每次都会遇到一个没有标记的顶点，除了对它进行标记外，还会从邻接列表中我们正在探索的那个顶点添加一条边到这个顶点。这是新的 bfs() 函数，以及需要添加到 Graph 类的代码：

```
// 将这行添加到 Graph 类
this.edgeTo = [];

// bfs 函数
function bfs(s) {
   var queue = [];
   this.marked[s] = true;
   queue.push(s); // 添加到队尾
   while (queue.length > 0) {
      var v = queue.shift(); // 从队首移除
      if (v == undefined) {
         print("Visisted vertex:  " + v);
      }
      for each(var w in this.adj[v]) {
         if (!this.marked[w]) {
            this.edgeTo[w] = v;
            this.marked[w] = true;
            queue.push(w);
         }
      }
   }
}
```

现在我们需要一个函数，用于展示图中连接到不同顶点的路径。函数 pathTo() 创建了一个栈，用来存储与指定顶点有共同边的所有顶点。以下是 pathTo() 函数的代码，以及一个简单的辅助函数：

```
function pathTo(v) {
   var source = 0;
   if (!this.hasPathTo(v)) {
      return undefined;
   }
   var path = [];
   for (var i = v; i != source; i = this.edgeTo[i]) {
      path.push(i);
   }
   path.push(source);
   return path;
}

  function hashPathTo(v) {
    return this.marked[v];
}
```

需要确保有将以下声明添加到 Graph() 构造函数中：

```
this.pathTo = pathTo;
this.hasPathTo = hashPathTo;
```

有了这个函数，我们要做的就是编写一些客户端代码来显示从源顶点到某个特定顶点的最短路径。例 11-4 的程序演示了创建图，及展示指定顶点的最短路径。

例 11-4　查找一个顶点的最短路径

```
load("Graph.js");
g = new Graph(5);
g.bfs(0);
g.addEdge(0,1);
g.addEdge(0,2);
g.addEdge(1,3);
g.addEdge(2,4);
var vertex = 4;
var paths = g.pathTo(vertex);
while (paths.length > 0) {
   if (paths.length > 1) {
      putstr(paths.pop() + '-');
   }
   else {
      putstr(paths.pop());
   }
}
```

以上程序的输出结果为：

```
0-2-4
```

也就是从顶点 0 到顶点 4 的最短路径。

11.6 拓扑排序

拓扑排序会对有向图的所有顶点进行排序，使有向边从前面的顶点指向后面的顶点。例如，图 11-6 展示了传统计算机科学课程的有向图模型。

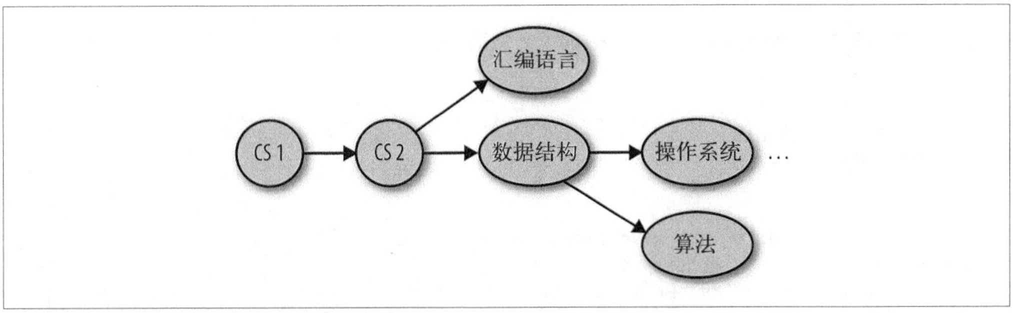

图 11-6：计算机科学课程的有向图模型

这个图的拓扑排序结果将会是以下序列：

(1) CS 1

(2) CS 2

(3) 汇编语言

(4) 数据结构

(5) 操作系统

(6) 算法

课程 3 和课程 4 可以同时上，课程 5 和课程 6 也可以。

这类问题被称为*优先级约束调度*，每个大学生对此都很熟悉。就好像只有先上过英语写作 1 的课程，才能上英语写作 2 的课程一样。

11.6.1 拓扑排序算法

拓扑排序算法与深度优先搜索类似。不同的是，拓扑排序算法不会立即输出已访问的顶点，而是访问当前顶点邻接表中的所有相邻顶点，直到这个列表穷尽时，才将当前顶点压入栈中。

11.6.2 实现拓扑排序算法

拓扑排序算法被拆分为两个函数。第一个函数 `topSort()`，会设置排序进程并调用一个辅助函数 `topSortHelper()`，然后显示排序好的顶点列表。

主要工作是在递归函数 topSortHelper() 中完成的。这个函数会将当前顶点标记为已访问，然后递归访问当前顶点邻接表中的每个相邻顶点，标记这些顶点为已访问。最后，将当前顶点压入栈。

例 11-5 出给了这两个函数的代码。

例 11-5　topSort() 函数和 topSortHelper() 函数

```
function topSort() {
   var stack = [];
   var visited = [];
   for (var i = 0; i < this.vertices; i++) {
      visited[i] = false;
   }
   for (var i = 0; i < this.vertices; i++) {
      if (visited[i] == false) {
         this.topSortHelper(i, visited, stack);
      }
   }
   for (var i = 0; i < stack.length; i++) {
      if (stack[i] != undefined && stack[i] != false) {
         print(this.vertexList[stack[i]]);
      }
   }
}

function topSortHelper(v, visited, stack) {
   visited[v] = true;
   for each(var w in this.adj[v]) {
      if (!visited[w]) {
         this.topSortHelper(visited[w], visited, stack);
      }
   }
   stack.push(v);
}
```

Graph 类也将被修改，这样不仅可以用于数字顶点，还可以用于符号顶点。在代码中，每个顶点都只仍标注了数字，但是我们添加了一个 vertexList 数组，将各个顶点关联到一个符号（本例中用的是课程名称）。

下面将展示整个部分的完整定义，包括用于拓扑排序的函数，以确保 Graph 类新的定义更清晰。showGraph() 函数的定义也将被修改，这样可以显示符号名称而不只是显示顶点数字。例 11-6 给出了代码。

例 11-6　Graph 类

```
function Graph(v) {
   this.vertices = v;
   this.vertexList = [];
   this.edges = 0;
   this.adj = [];
   for (var i = 0; i < this.vertices; ++i) {
```

```
        this.adj[i] = [];
        this.ajd[i].push("");
    }
    this.addEdge = addEdge;
    this.showGraph = showGraph;
    this.dfs = dfs;
    this.marked = [];
    for (var i = 0; i < this.vertices; ++i) {
        this.marked[i] = false;
    }
    this.bfs = bfs;
    this.edgeTo = [];
    this.hasPathTo = hasPathTo;
    this.topSortHelper = topSortHelper;
    this.topSort = topSort;

}

function topSort() {
    var statck = [];
    var visited = [];
    for (var i = 0; i < this.vertices; i++ ) {
        visited[i] = false;
    }
    for ( var i = 0; i < stack.length; i++ ) {
        if (visited[i] == false ) {
            this.topSortHelper(i, visited, stack);
        }
    }
    for (var i = 0; i < stack.length; i++ ) {
        if (stack[i] != undefined && stack[i] != false){
            print(this.vertexList[stack[i]]);
        }
    }
}

function topSortHelper(v, visited, stack) {
    visited[v] = true;
    for each(var w in this.adj[v]) {
        if (!visited[w]) {
            this.topSortHelper(visited[w], visited, stack);
        }
    }
    stack.push(v);
}

function addEdge(v, w) {
    this.adj[v].push(w);
    this.adj[w].push(v);
    this.edges++;
}

/*function showGraph() {
    for (var i = 0; i < this.vertices; ++i) {
        putstr(i + "->");
```

```
      for (var j = 0; j < this.vertices; ++j) {
         if (this.adj[i][j] != undefined)
            putstr(this.adj[i][j] + ' ');
         }
      }
      print();
   }
}*/

// 用于显示符号名字而非数字的新函数
function showGraph() {
   var visited = [];
   for ( var i = 0; i < this.vertices; ++i) {
      putstr(this.vertexList[i] + " -> ");
      visited.push(this.vertexList[i]);
      for ( var j = 0; j < this.vertices; ++j ) {
         if (this.adj[i][j] != undefined) {
            if (visited.indexOf(this.vertexList[j]) < 0) {
               putstr(this.vertexList[j] + ' ');
            }
         }
      }
      print();
      visited.pop();
   }
}

function dfs(v) {
   this.marked[v] = true;
   if (this.adj[v] != undefined) {
      print("Visited vertex: " + v);
   }
   for each(var w in this.adj[v]) {
      if (this.marked[w]) {
         this.dfs(w);
      }
   }
}

function bfs(s) {
   var queue = [];
   this.marked[s] = true;
   queue.unshift(s);
   while (queue.length > 0) {
      var v = queue.shift();
      if (typeof(v) != 'string') {
         print("Visited vertex:" + v);
      }
      for each(var w in this.adj[v]) {
         if (!this.marked[w]) {
            this.edgeTo[w] = v;
            this.marked[w] = true;
            queue.unshift(w);
         }
      }
```

```
    }
}

function hasPathTo(v) {
    return this.marked[v];
}

function pathTo(v) {
    var source = 0;
    if (!this.hasPathTo(v)) {
        return undefined;
    }
    var path = [];
    for (var i = v; i != source; i = this.edgeTo[i]) {
        path.push(i);
    }
    path.push(s);
    return path;
}
```

例 11-7 的程序将用来测试我们实现的拓扑排序。

例 11-7　拓扑排序

```
load("Graph.js");
g = new Graph(6);
g.addEdge(1, 2);
g.addEdge(2, 5);
g.addEdge(1, 3);
g.addEdge(1, 4);
g.addEdge(0, 1);
g.vertexList = ["CS1", "CS2", "Data Structures",
                "Assembly Language", "Operating Systems",
                "Algorithms"];
g.showGraph();
g.topSort();
```

以上代码的输出结果为：

```
CS1
CS2
Data Structures
Assembly Language
Operating Systems
Algorithms
```

11.7　练习

1. 编写一个程序，测试广度优先和深度优先这两种图搜索算法哪一种速度更快。请使用不同大小的图来测试你的程序。

2. 编写一个用文件来存储图的程序。

3. 编写一个从文件读取图的程序。

4. 构建一个图，用它为你居住地的地图建模。测试一下从一个开始顶点到最后顶点的最短路径。

5. 对上一题中创建的图执行深度优先搜索和广度优先搜索。

第 12 章

排序算法

对计算机中存储的数据执行的两种最常见操作是排序和检索，自从计算机产业伊始便是如此。这也意味着排序和检索在计算机科学中是被研究得最多的操作。本书讨论的许多数据结构，都对排序和查找算法进行了专门的设计，以使对其中的数据进行操作时更简洁高效。

本章将介绍数据排序的基本算法和高级算法。这些算法都只依赖数组来存储数据。我们还将一起看看几种计算程序运行时间的方法，以便确定哪种算法效率最高。

12.1 数组测试平台

本章将从开发一个数组测试平台开始，它将辅助我们完成基本排序算法的研究。我们将创建一个数组类和一些封装了常规数组操作的函数：插入新数据，显示数组数据及调用不同的排序算法。这个类还包含了一个 swap() 函数，用于交换数组元素。

例 12-1 展示了这个类的代码。

例 12-1 数组测试平台类

```
function CArray(numElements) {
   this.dataStore = [];
   this.pos = 0;
   this.numElements = numElements;
   this.insert = insert;
   this.toString = toString;
   this.clear = clear;
   this.setData = setData;
   this.swap = swap;
```

```
    for ( var i = 0; i < numElements; ++i ) {
       this.dataStore[i] = i;
    }
 }

 function setData() {
    for ( var i = 0; i < this.numElements; ++i ) {
       this.dataStore[i] = Math.floor(Math.random() * (this.numElements + 1));
    }
 }

 function clear() {
    for ( var i = 0; i < this.dataStore.length; ++i ) {
       this.dataStore[i] = 0;
    }
 }

 function insert(element) {
    this.dataStore[this.pos++] = element;
 }

 function toString() {
    var restr = "";
    for ( var i = 0; i < this.dataStore.length; ++i ) {
       restr += this.dataStore[i] + " ";
       if (i > 0 & i % 10 == 0) {
          restr += "\n";
       }
    }
    return restr;
 }

 function swap(arr, index1, index2) {
    var temp = arr[index1];
    arr[index1] = arr[index2];
    arr[index2] = temp;
 }
```

下面这个简单的程序演示如何使用 CArray 类（之所以叫 CArray 是因为 JavaScript 本身已经有 Array 类了）：

例 12-2　使用测试平台类

```
var numElements = 100;
var myNums = new CArray(numElements);
myNums.setData();
print(myNums.toString());
```

以上代码输出的结果为：

```
76 69 64 4 64 73 47 34 65 93 32
59 4 92 84 55 30 52 64 38 74
40 68 71 25 84 5 57 7 6 40
45 69 34 73 87 63 15 96 91 96
```

```
88 24 58 78 18 97 22 48 6 45
68 65 40 50 31 80 7 39 72 84
72 22 66 84 14 58 11 42 7 72
87 39 79 18 18 9 84 18 45 50
43 90 87 62 65 97 97 21 96 39
7 79 68 35 39 89 43 86 5
```

生成随机数据

你会注意到 `setData()` 函数生成了存储在数组中的随机数字。`Math` 类的 `random()` 函数会生成 [0, 1) 区间内的随机数字。换句话说，`random()` 函数生成的随机数字大于等于 0，但不会等于 1。这样生成的随机数字并不是非常有用，因此我们将随机数字乘以我们想要的元素然后加 1，最后再用 `Math` 类的 `floor()` 函数确定最终结果。正如上面的输出所示，这个公式可以成功地生成 1~100 的随机数字集合。

更多关于 JavaScript 生成随机数字的信息，可以参考 Mozilla 使用 `Math.random()` 函数（https://developer.mozilla.org/en-US/docs/Web/JavaScript/Reference/Global_Objects/Math/random）生成随机数的页面。

12.2 基本排序算法

接下来要介绍的基本排序算法其核心思想是指对一组数据按照一定的顺序重新排列。重新排列时用到的技术是一组嵌套的 `for` 循环。其中外循环会遍历数组的每一项，内循环则用于比较元素。这些算法非常逼真地模拟了人类在现实生活中对数据的排序，例如纸牌玩家在处理手中的牌时对纸牌进行排序，或者教师按照字母顺序或者分数对试卷进行排序。

12.2.1 冒泡排序

我们先来了解一下*冒泡排序*算法，它是最慢的排序算法之一，但也是一种最容易实现的排序算法。

之所以叫冒泡排序是因为使用这种排序算法排序时，数据值会像气泡一样从数组的一端漂浮到另一端。假设正在将一组数字按照升序排列，较大的值会浮动到数组的右侧，而较小的值则会浮动到数组的左侧。之所以会产生这种现象是因为算法会多次在数组中移动，比较相邻的数据，当左侧值大于右侧值时将它们进行互换。

这里有一个简单的冒泡排序的例子。我们从下面的列表开始：

```
E A D B H
```

经过第一次排序后，这个列表变成：

```
A E D B H
```

前两个元素进行了互换。接下来再次排序又会变成：

```
A D E B H
```

第二个和第三个元素进行了互换。继续进行排序：

```
A D B E H
```

第三个和第四个元素进行了互换。最后，第二个和第三个元素还会再次互换，得到最终顺序：

```
A B D E H
```

图 12-1 演示了如何对一个大的数字数据集合进行冒泡排序。在图中，我们分析了插入数组中的两个特定值：2 和 72。这两个数字都被圈了起来。你可以看到 72 是如何从数组的开头移动到中间的，还有 2 是如何从数组的后半部分移动到开头的。

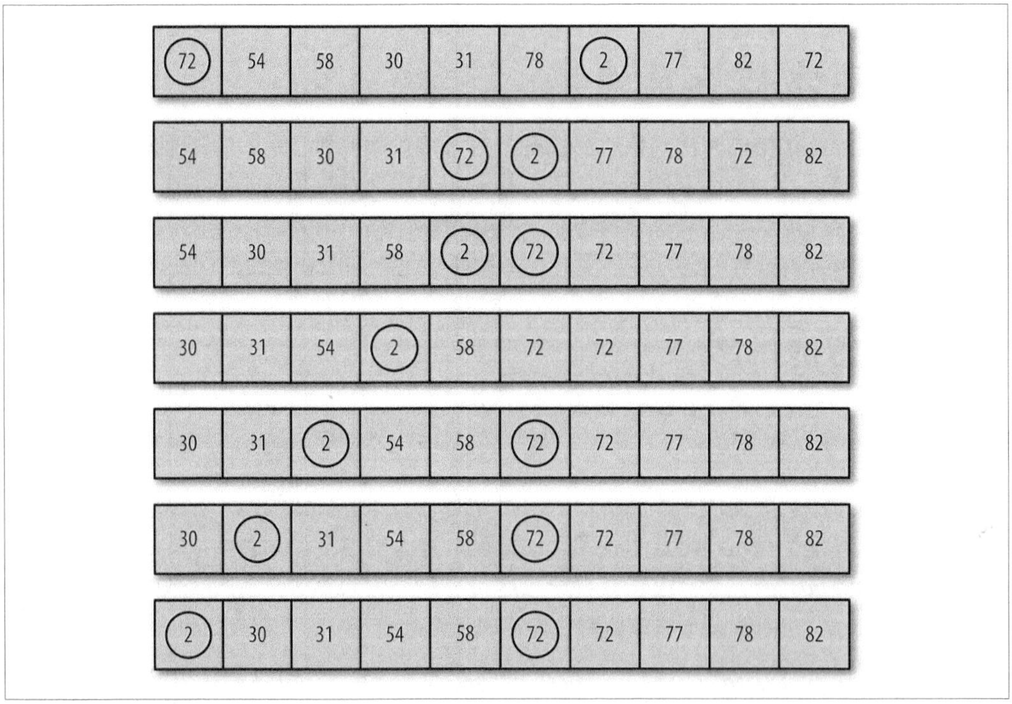

图 12-1：冒泡排序的过程

例 12-3 展示了冒泡排序的代码。

例 12-3　bubbleSort() 函数

```
function bubbleSort() {
   var numElements = this.dataStore.length;
   var temp;
   for ( var outer = numElements; outer >= 2; --outer) {
      for ( var inner = 0; inner <= outer - 1; ++inner ) {
         if (this.dataStore[inner] > this.dataStore[inner + 1]) {
            swap(this.dataStore, inner, inner + 1);
         }
      }
   }
}
```

请确保在 CArray 构造函数中添加对这个函数的调用。例 12-4 这个小程序演示了如何使用 bubbleSort() 函数对 10 个数字进行排序。

例 12-4　使用 bubbleSort() 对 10 个数字排序

```
var numElements = 10;
var mynums = new CArray(numElements);
mynums.setData();
print(mynums.toString());
mynums.bubbleSort();
print();
print(mynums.toString());
```

以上代码输出为：

```
10 8 3 2 2 4 9 5 4 3

2 2 3 3 4 4 5 8 9 10
```

我们可以看到，这个冒泡排序算法正常运行了，但最好能够看到这个算法的执行过程，因为看到排序的过程对我们理解这个算法是如何工作的很有帮助。我们只要在 bubbleSort() 函数中小心地加入 toString() 函数，就可以看到这个数组在排序过程中的当前状态（参见例 12-5）。

例 12-5　在 bubbleSort() 函数中添加对 toString() 函数的调用

```
function bubbleSort() {
   var numElements = this.dataStore.length;
   var temp;
   for (var outer = numElmeents; outer >= 2; --outer) {
      for (var inner = 0; inner <= outer - 1; ++inner) {
         if (this.dataStore[inner] > this.dataStore[inner + 1]) {
            swap(this.dataStore, inner, inner + 1);
         }
      }
      print(this.toString());
   }
}
```

当我们重新执行上述这段包含了 `toString()` 函数的程序时，会得到以下输出结果：

```
1 0 3 3 5 4 5 0 6 7
0 1 3 3 4 5 0 5 6 7
0 1 3 3 4 0 5 5 6 7
0 1 3 3 0 4 5 5 6 7
0 1 3 0 3 4 5 5 6 7
0 1 0 3 3 4 5 5 6 7
0 0 1 3 3 4 5 5 6 7
0 0 1 3 3 4 5 5 6 7
0 0 1 3 3 4 5 5 6 7
0 0 1 3 3 4 5 5 6 7

0 0 1 3 3 4 5 5 6 7
```

通过这个输出结果，我们可以更加容易地看出小的值是如何移到数组开头的，大的值又是如何移到数组末尾的。

12.2.2 选择排序

我们接下来要看的是*选择排序*算法。选择排序从数组的开头开始，将第一个元素和其他元素进行比较。检查完所有元素后，最小的元素会被放到数组的第一个位置，然后算法会从第二个位置继续。这个过程一直进行，当进行到数组的倒数第二个位置时，所有的数据便完成了排序。

选择排序会用到嵌套循环。外循环从数组的第一个元素移动到倒数第二个元素；内循环从第二个数组元素移动到最后一个元素，查找比当前外循环所指向的元素小的元素。每次内循环迭代后，数组中最小的值都会被赋值到合适的位置。图 12-2 展示了选择排序算法的原理。

以下是一个对只有五个元素的列表进行选择排序的简单例子。初始列表为：

```
E A D H B
```

第一次排序会找到最小值，并将它和列表的第一个元素进行互换。

```
A E D H B
```

接下来查找第一个元素后面的最小值（第一个元素此时已经就位），并对它们进行互换：

```
A B D H E
```

D 也已经就位，因此下一步会对 E 和 H 进行互换，列表已按顺序排好：

```
A B D E H
```

图 12-2 展示了如何对更大的数据集合进行选择排序。

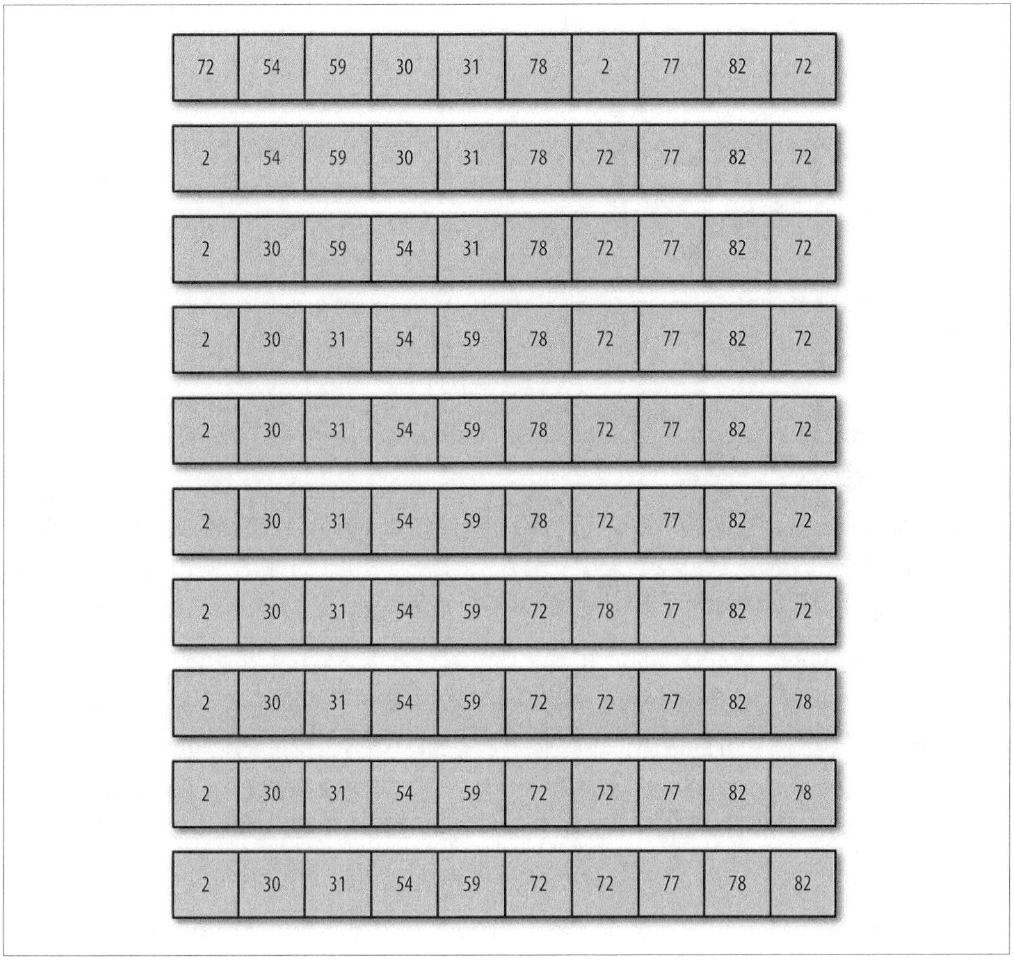

图 12-2：选择排序算法

例 12-6 展示了 selectionSort() 函数的代码。

例 12-6　selectionSort() 函数

```
function selectionSort() {
   var min, temp;
   for (var outer = 0; outer <= this.dataStore.length-2; ++outer) {
      min = outer;
      for (var inner = outer + 1;
          inner <= this.dataStore.length-1; ++inner) {
         if (this.dataStore[inner] < this.dataStore[min]) {
            min = inner;
         }
         swap(this.dataStore, outer, min);
      }
   }
}
```

将下面这行添加到 swap 之后，就可以看到选择排序函数运行后的输出结果：

```
print(this.toString());

6 8 0 6 7 4 3 1 5 10
0 8 6 6 7 4 3 1 5 10
0 1 6 6 7 4 3 8 5 10
0 1 3 6 7 4 6 8 5 10
0 1 3 4 7 6 6 8 5 10
0 1 3 4 5 6 6 8 7 10
0 1 3 4 5 6 6 8 7 10
0 1 3 4 5 6 6 8 7 10
0 1 3 4 5 6 6 7 8 10
0 1 3 4 5 6 6 7 8 10

0 1 3 4 5 6 6 7 8 10
```

12.2.3 插入排序

插入排序类似于人类按数字或字母顺序对数据进行排序。例如，让班里的每个学生上交一张写有他的名字、学生证号以及个人简介的索引卡片。学生交上来的卡片是没有顺序的，但是我想让这些卡片按字母顺序排好，这样就可以很容易地与班级花名册进行对照了。

我将卡片带回办公室，清理好书桌，然后拿起第一张卡片。卡片上的姓氏是 Smith。我把它放到桌子的左上角，然后再拿起第二张卡片。这张卡片上的姓氏是 Brown。我把 Smith 移右，把 Brown 放到 Smith 的前面。下一张卡片是 Williams，可以把它放到桌面最右边，而不用移动其他任何卡片。下一张卡片是 Acklin。这张卡片必须放在这些卡片的最前面，因此其他所有卡片必须向右移动一个位置来为 Acklin 这张卡片腾出位置。这就是插入排序的排序原理。

插入排序有两个循环。外循环将数组元素挨个移动，而内循环则对外循环中选中的元素及它后面的那个元素进行比较。如果外循环中选中的元素比内循环中选中的元素小，那么数组元素会向右移动，为内循环中的这个元素腾出位置，就像之前介绍的姓氏卡片一样。

例 12-7 展示了插入排序的代码。

例 12-7　insertionSort() 函数

```
function insertionSort() {
   var temp, inner;
   for (var outer = 1; outer <= this.dataStore.length - 1; ++outer) {
      temp = this.dataStore[outer];
      inner = outer;
      while (inner > 0 && (this.dataStore[inner - 1] >= temp)) {
         this.dataStore[inner] = this.dataStore[inner - 1];
         --inner;
      }
      this.dataStore[inner] = temp;
   }
}
```

现在在一个数据集合上执行我们的程序，来看看插入排序是如何运行的：

```
6 10 0 6 5 8 7 4 2 7
0 6 10 6 5 8 7 4 2 7
0 6 6 10 5 8 7 4 2 7
0 5 6 6 10 8 7 4 2 7
0 5 6 6 8 10 7 4 2 7
0 5 6 6 7 8 10 4 2 7
0 4 5 6 6 7 8 10 2 7
0 2 4 5 6 6 7 8 10 7
0 2 4 5 6 6 7 7 8 10

0 2 4 5 6 6 7 7 8 10
```

这段输出结果清楚地显示了插入排序的运行并非通过数据交换，而是通过将较大的数组元素移动到右侧，为数组左侧的较小元素腾出位置。

12.2.4 基本排序算法的计时比较

这三种排序算法的复杂度非常相似，从理论上来说，它们的执行效率也应该差不多。要确定这三种算法的性能差异，我们可以使用一个非正式的计时系统来比较它们对数据集合进行排序所花费的时间。能够对算法进行计时非常重要，因为，对 100 个或 1000 个元素进行排序时，你看不出这些排序算法的差异。但是如果对上百万个元素进行排序，这些排序算法之间可能存在巨大的不同。

本节用到的计时系统基于 JavaScript Date 对象的 getTime() 函数来取得系统时间。这个函数的运行方式如下所示：

```
var start = new Date().getTime();
```

getTime() 函数返回的是系统时间，以毫秒为单位。参见如下代码片段：

```
var start = new Date().getTime();
print(start);
```

以上代码的输出结果为：

```
135154872720
```

要记录代码执行的时间，首先启动计时器，执行代码，然后在代码执行结束时停止计时器。计时器停止时记录的时间与计时器启动时记录的时间之差就是排序所花费的时间。例 12-8 演示了如何为一个显示 1~100 之间数字的 for 循环计时：

例 12-8 for 循环计时

```
var start = new Date().getTime();
for (var i = 1; i < 100; ++i) {
   print(i);
```

```
}
var stop = new Date().getTime();
var elapsed = stop - start;
print(" 消耗的时间为：" + elapsed +" 毫秒。");
```

以上代码输出的结果不包含计时器启动时的时间和计时器停止时的时间，这段程序的计时结果为：

```
消耗的时间为：91 毫秒。
```

既然我们已经有了度量排序算法效率的工具，那我们就来做一些测试，对它们进行比较：

为了比较基本排序算法，我们将在数组大小分别为 100、1000 和 10 000 时对这三种排序算法计时。我们预期在数据大小为 100 和 1000 的情况下看不出这些算法的差异，但是在数据大小为 10 000 时可以看到。

先准备一个包含 100 个随机整数的数组。我们会准备一个函数，为每个算法创建一个新的数据集合。例 12-9 展示了这个函数的代码。

例 12-9　为排序函数计时（它对长度为 100 的数组进行排序）

```
var numElements = 100;
var nums = new CArray(numElements);
nums.setData();
var start = new Date().getTime();
nums.bubbleSort();
var stop = new Date().getTime();
var elapsed = stop - start;
print(" 对 " + numElements + " 个元素执行冒泡排序消耗的时间为：" +
      elapsed + " 毫秒。");
start = new Date().getTime();
nums.selectionSort();
stop = new Date().getTime();
elapsed = stop - start;
print(" 对 " + numElements + " 个元素执行选择排序消耗的时间为：" +
      elapsed + " 毫秒。");
start = new Date().getTime();
nums.insertionSort();
stop = new Date().getTime();
elapsed = stop - start;
print(" 对 " + numElements + " 个元素执行插入排序消耗的时间为：" +
       elapsed + " 毫秒。");
```

以下是运行的结果（运行在 Intel 2.4 GHz 处理器机器上的结果）：

```
对 100 个元素执行冒泡排序消耗的时间为：0 毫秒。
对 100 个元素执行选择排序消耗的时间为：1 毫秒。
对 100 个元素执行插入排序消耗的时间为：0 毫秒。
```

很明显，这三种算法之间的并没有显著的差异。

接下来，我们将 `numElements` 变量调整到 1000 后得到的结果为：

```
对 1000 个元素执行冒泡排序消耗的时间为：12 毫秒。
对 1000 个元素执行选择排序消耗的时间为：7 毫秒。
对 1000 个元素执行插入排序消耗的时间为：6 毫秒。
```

对 1000 个数字来说，选择排序和插入排序差不多要比冒泡排序快两倍。

最后，我们将测试 10 000 个数字：

```
对 10000 个元素执行冒泡排序消耗的时间为：1096 毫秒。
对 10000 个元素执行选择排序消耗的时间为：591 毫秒。
对 10000 个元素执行插入排序消耗的时间为：471 毫秒。
```

10 000 个数字的测试结果与 1000 个数字的测试结果一致。选择排序和插入排序要比冒泡排序快，插入排序是这三种算法中最快的。不过要记住，这些测试必须经过多次的运行，最后得到的结果才可被视为是有效的统计。

12.3 高级排序算法

这一节将讨论更多高级数据排序算法。它们通常被认为是处理大型数据集的最高效排序算法，它们处理的数据集可以达到上百万个元素，而不仅仅是几百个或者几千个。这一节将介绍的算法包括快速排序、希尔排序、归并排序和堆排序。我们会讨论每个算法的实现，并通过运行计时测试来比较它们的效率。

12.3.1 希尔排序

首先要学习的第一个高级排序算法是希尔排序。希尔排序是以它的创造者（Donald Shell）命名的。这个算法在插入排序的基础上做了很大的改善。希尔排序的核心理念与插入排序不同，它会首先比较距离较远的元素，而非相邻的元素。和简单地比较相邻元素相比，使用这种方案可以使离正确位置很远的元素更快地回到合适的位置。当开始用这个算法遍历数据集时，所有元素之间的距离会不断减小，直到处理到数据集的末尾，这时算法比较的就是相邻元素了。

希尔排序的工作原理是，通过定义一个间隔序列来表示在排序过程中进行比较的元素之间有多远的间隔。我们可以动态定义间隔序列，不过对于大部分的实际应用场景，算法要用到的间隔序列可以提前定义好。有一些公开定义的间隔序列，使用它们会得到不同的结果。在这里我们用到了 Marcin Ciura 在他 2001 年发表的论文“Best Increments for the Average Case of Shell Sort”（http:bit.ly/1b04YFv,2001）中定义的间隔序列。这个间隔序列是：`701, 301, 132, 57, 23, 10, 4, 1`。在用它进行日常编码之前，我们先通过一个小的数据集合来看看这个算法是怎么运行的。

图 12-3 演示了在希尔排序中间隔序列是如何运行的。

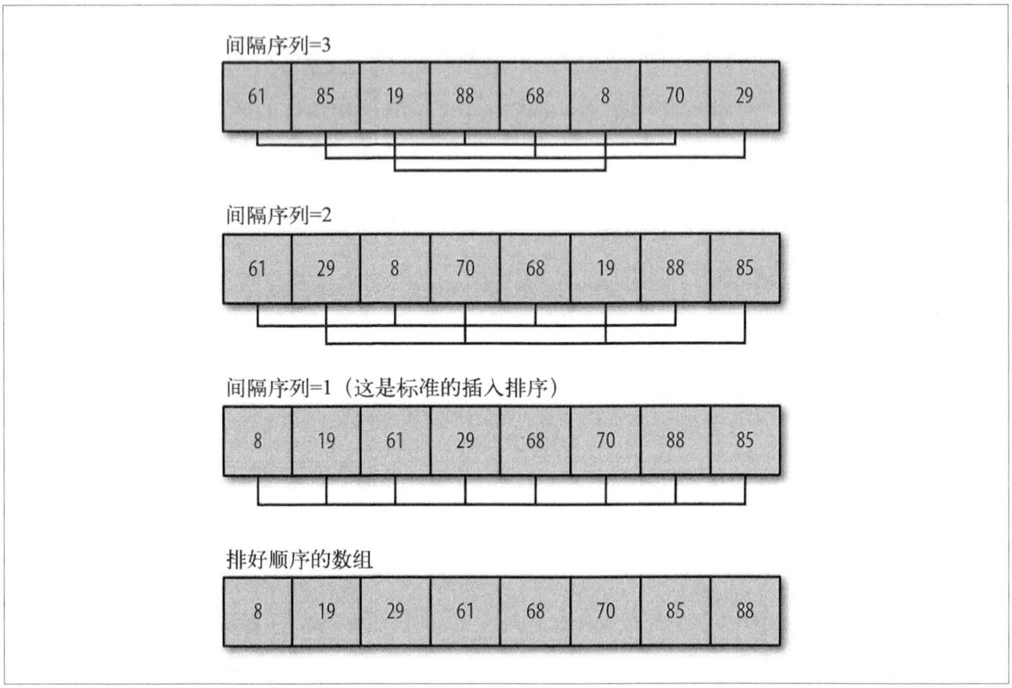

图 12-3：初始间隔序列为 3 的希尔排序

我们先来看下希尔排序算法的代码：

```
function shellsort() {
   for (var g = 0; g < this.gaps.length; ++g) {
      for (var i = this.gaps[g]; i < this.dataStore.length; ++i) {
         var temp = this.dataStore[i];
         for (var j = i; j >= this.gaps[g] &&
                      this.dataStore[j-this.gaps[g]] > temp;
             j -= this.gaps[g]) {
            this.dataStore[j] = this.dataStore[j - this.gaps[g]];
         }
         this.dataStore[j] = temp;
      }
   }
}
```

为了能让这个程序在 CArray 类测试平台中运行，我们需要在这个类的定义里增加一个对间隔序列的定义。请将下面代码添加到 CArray 的构造函数中：

```
this.gaps = [5,3,1];
```

然后在代码中添加一个函数：

```
function setGaps(arr) {
   this.gaps = arr;
}
```

最后，在 CArray 构造函数中添加 shellsort() 代码及对 shellsort() 函数的引用。

外循环控制间隔序列的移动。也就是说，算法在第一次处理数据集时，会检查所有间隔为 5 的元素。下一次遍历会检查所有间隔为 3 的元素。最后一次则会对间隔为 1 的元素，也就是相邻元素执行标准插入排序。在开始做最后一次处理时，大部分元素都将在正确的位置，算法就不必对很多元素进行交换。这就是希尔排序比插入排序更高效的地方。图 12-3 演示了如何使用间隔序列为 5，3，1 的希尔排序算法，对一个包含 10 个随机数字的数据集合进行排序。

现在通过实例来看看这个算法是如何运行的。我们在 shellsort() 中添加一个 print() 语句来跟踪这个算法的执行过程。每一个间隔，以及该间隔的排序结果都会被打印出来。例 12-10 展示了这个程序。

例 12-10　对小数据集合执行希尔排序

```
load("CArray.js")
var nums = new CArray(10);
nums.setData();
print(" 希尔排序前：\n");
print(nums.toString());
print("\n 希尔排序中：\n");
nums.shellsort();
print("\n 希尔排序后：\n");
print(nums.toString());
```

以上代码输出的结果为：

希尔排序前：

```
6 0 2 9 3 5 8 0 5 4
```

希尔排序中：

```
5 0 0 5 3 6 8 2 9 4 // 间隔 5
4 0 0 5 2 6 5 3 9 8 // 间隔 3
0 0 2 3 4 5 5 6 8 9 // 间隔 1
```

希尔排序后：

```
0 0 2 3 4 5 5 6 8 9
```

要理解希尔排序是如何运行的，可以对比数组的初始状态和执行完间隔序列为 5 的排序后的状态。初始状态时的第一个元素 6，和它后面的第 5 个元素 5，进行了互换，因为 5 < 6。

现在我们来比较 gap 5 和 gap 3 这两行。在 gap 5 这行中的数字 3 和数字 2 进行了互换，因为 2 < 3，并且 2 是 3 后面的第 3 个元素。从循环中当前元素所在位置往后数，简单地数

到第 gap 个数的位置，然后比较这个位置和当前元素所在位置上的两个数字，就可以对希尔排序过程中的任何步骤进行跟踪。

现在我们来详细看一下希尔排序是如何运行的，我们对一个更大的数据集合（100 个元素），使用一个使用更大的间隔序列来执行希尔排序算法。以下是输出结果：

希尔排序前：

```
19 19 54 60 66 69 45 40 36 90 22
93 23 0 88 21 70 4 46 30 69
75 41 67 93 57 94 21 75 39 50
17 8 10 43 89 1 0 27 53 43
51 86 39 86 54 9 49 73 62 56
84 2 55 60 93 63 28 10 87 95
59 48 47 52 91 31 74 2 59 1
35 83 6 49 48 30 85 18 91 73
90 89 1 22 53 92 84 81 22 91
34 61 83 70 36 99 80 71 1
```

希尔排序后：

```
0 0 1 1 1 1 2 2 4 6 8
9 10 10 17 18 19 19 21 21 22
22 22 23 27 28 30 30 31 34 35
36 36 39 39 40 41 43 43 45 46
47 48 48 49 49 50 51 52 53 53
54 54 55 56 57 59 59 60 60 61
62 63 66 67 69 69 70 70 71 73
73 74 75 75 80 81 83 83 84 84
85 86 86 87 88 89 89 90 90 91
91 91 92 93 93 93 94 95 99
```

在本章后续介绍到高级排序算法时，还会对希尔排序算法进行比较，到时候我们再来看看这个算法。

计算动态间隔序列

《算法（第 4 版）》（人民邮电出版社）的合著者 Robert Sedgewick 定义了一个 shellsort() 函数，在这个函数中可以通过一个公式来对希尔排序用到的间隔序列进行动态计算。Sedgewick 的算法是通过下面的代码片段来决定初始间隔值的：

```
var N = this.dataStore.length;
var h = 1;
while (h < N/3) {
   h = 3 * h + 1;
}
```

间隔值确定好后，这个函数就可以像之前定义的 shellsort() 函数一样运行了，唯一的区别是，回到外循环之前的最后一条语句会计算一个新的间隔值：

```
h = (h-1)/3;
```

例 12-11 给出了这个新的 shellsort() 函数的完整定义，以及它用到的 swap() 函数和用来测试的程序。

例 12-11　动态计算间隔序列的希尔排序

```
function shellsort1() {
   var N = this.dataStore.length;
   var h = 1;
   while (h < N/3) {
      h = 3 * h + 1;
   }
   while (h >= 1) {
      for (var i = h; i < N; i++) {
         for (var j = i; j >= h && this.dataStore[j] < this.dataStore[j-h];
              j -= h) {
            swap(this.dataStore, j, j-h);
         }
      }
      h = (h-1)/3;
   }
}

load("CArray.js")
var nums = new CArray(100);
nums.setData();
print(" 希尔排序前 1：\n");
print(nums.toString());
nums.shellsort1();
print("\n 希尔排序后 1：\n");
print(nums.toString());
```

以上程序的输出结果为：

希尔排序前 1：

```
92 31 5 96 44 88 34 57 44 72 20
83 73 8 42 82 97 35 60 9 26
14 77 51 21 57 54 16 97 100 55
24 86 70 38 91 54 82 76 78 35
22 11 34 13 37 16 48 83 61 2
5 1 6 85 100 16 43 74 21 96
44 90 55 78 33 55 12 52 88 13
64 69 85 83 73 43 63 1 90 86
29 96 39 63 41 99 26 94 19 12
84 86 34 8 100 87 93 81 31
```

希尔排序后 1：

```
1 1 2 5 5 6 8 8 9 11 12
12 13 13 14 16 16 16 19 20 21
21 22 24 26 26 29 31 31 33 34
34 34 35 35 37 38 39 41 42 43
43 44 44 44 48 51 52 54 54 55
55 55 57 57 60 61 63 63 64 69
```

```
70 72 73 73 74 76 77 78 78 81
82 82 83 83 83 84 85 85 86 86
86 87 88 88 90 90 91 92 93 94
96 96 96 97 97 99 100 100 100
```

离开希尔排序之前，再来比较一下两个 shellsort() 函数的执行效率。例 12-12 给出的程序将用于对比这两个函数的执行时间。在测试中两种算法都将使用 Ciura 序列作为间隔序列。

例 12-12　比较 shellsort() 算法

```
load("CArray.js");
var nums = new CArray(10000);
nums.setData();
var start = new Date().getTime();
nums.shellsort();
var stop = new Date().getTime();
var elapsed = stop - start;
print(" 硬编码间隔序列的希尔排序消耗的时间为：" + elapsed + " 毫秒。");
nums.clear();
nums.setData();
start = new Date().getTime();
nums.shellsort1();
stop = new Date().getTime();
print(" 动态间隔序列的希尔排序消耗的时间为：" + elapsed + " 毫秒。");
```

执行以上程序输出的结果为：

```
硬编码间隔序列的希尔排序消耗的时间为：3 毫秒。
动态间隔序列的希尔排序消耗的时间为：3 毫秒。
```

它们的耗时是一样的。对 100 000 个数据进行排序的输出结果为：

```
硬编码间隔序列的希尔排序消耗的时间为：43 毫秒。
动态间隔序列的希尔排序消耗的时间为：43 毫秒。
```

很明显，这两个希尔排序算法的效率是一样的，因此你可以根据需要随意使用。

12.3.2　归并排序

归并排序的命名来自它的实现原理：把一系列排好序的子序列合并成一个大的完整有序序列。从理论上讲，这个算法很容易实现。我们需要两个排好序的子数组，然后通过比较数据大小，先从最小的数据开始插入，最后合并得到第三个数组。然而，在实际情况中，归并排序还有一些问题，当我们用这个算法对一个很大的数据集进行排序时，我们需要相当大的空间来合并存储两个子数组。就现在来讲，内存不那么昂贵，空间不是问题，因此值得我们去实现一下归并排序，比较它和其他排序算法的执行效率。

1. 自顶向下的归并排序

通常来讲（也不一定），归并排序会使用递归的算法来实现。然而，在 JavaScript 中这种方式不太可行，因为这个算法的递归深度对它来讲太深了。所以，我们将使用一种非递归的方式来实现这个算法，这种策略称为自底向上的归并排序。

2. 自底向上的归并排序

采用非递归或者迭代版本的归并排序是一个自底向上的过程。这个算法首先将数据集分解为一组只有一个元素的数组。然后通过创建一组左右子数组将它们慢慢合并起来，每次合并都保存一部分排好序的数据，直到最后剩下的这个数组所有的数据都已完美排序。图 12-4 演示了自底向上的归并排序算法是如何运行的。

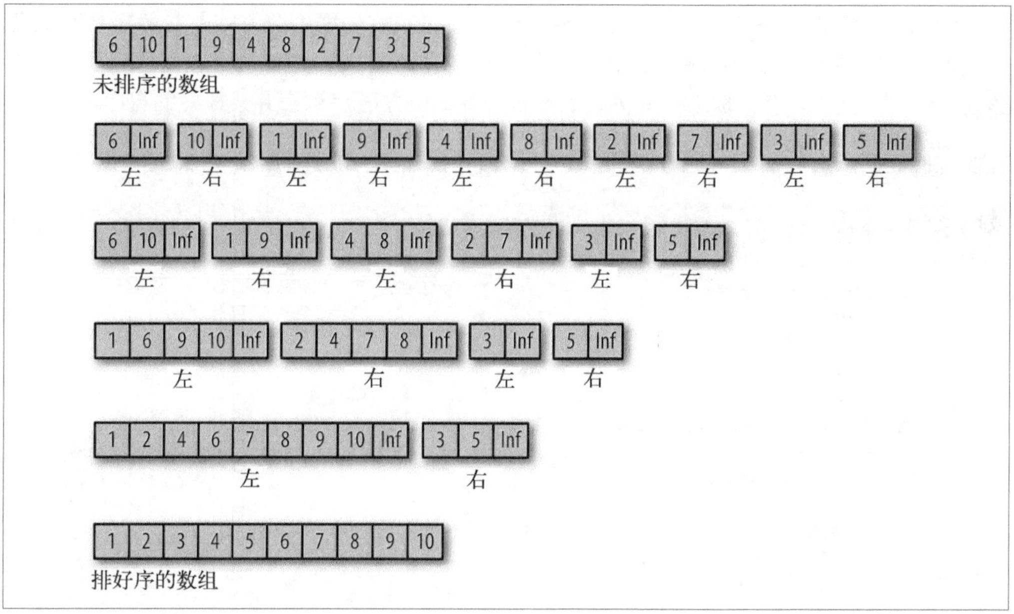

图 12-4：自底向上的归并排序算法

在展示归并排序的 JavaScript 代码之前，我们先来看一个 JavaScript 程序的输出结果，它采用自底向上的归并排序算法对一个包含 10 个整数的数组进行排序：

```
6,10,1,9,4,8,2,7,3,5

left array - 6,Infinity
right array - 10,Infinity
left array - 1,Infinity
right array - 9,Infinity
left array - 4,Infinity
right array - 8,Infinity
left array - 2,Infinity
right array - 7,Infinity
left array - 3,Infinity
right array - 5,Infinity
left array - 6,10,Infinity
right array - 1,9,Infinity
left array - 4,8,Infinity
```

```
right array - 2,7,Infinity
left array - 1,6,9,10,Infinity
right array - 2,4,7,8,Infinity
left array - 1,2,4,6,7,8,9,10,Infinity
right array - 3,5,Infinity

1,2,3,4,5,6,7,8,9,10
```

`Infinity` 这个值用于标记左子序列或右子序列的结尾。

一开始每个元素都在左子序列或右子序列中。然后将左右子序列合并，首先每次合并成两个元素的子序列，然后合并成四个元素的子序列，3 和 5 除外，它们会一直保留到最后一次迭代，那时会把它们合并成右子序列，然后再与最后的左子序列合并成最终的有序数组。

现在我们知道了自底向上的归并排序的工作原理，例 12-13 就是输出上述结果的代码。

例 12-13　JavaScript 实现的自底向上归并排序算法

```
function mergeSort(arr) {
   if (arr.length < 2) {
      return;
   }
   var step = 1;
   var left, right;
   while (step < arr.length) {
      left = 0;
      right = step;
      while (right + step <= arr.length) {
         mergeArrays(arr, left, left+step, right, right+step);
         left = right + step;
         right = left + step;
      }
      if (right < arr.length) {
         mergeArrays(arr, left, left+step, right, arr.length);
      }
      step *= 2;
   }
}

function mergeArrays(arr, startLeft, stopLeft, startRight, stopRight) {
   var rightArr = new Array(stopRight - startRight + 1);
   var leftArr = new Array(stopLeft - startLeft + 1);
   k = startRight;
   for (var i = 0; i < (rightArr.length-1); ++i) {
      rightArr[i] = arr[k];
      ++k;
   }
   k = startLeft;
   for (var i = 0; i < (leftArr.length-1); ++i) {
      leftArr[i] = arr[k];
      ++k;
   }
```

```
      rightArr[rightArr.length-1] = Infinity; // 哨兵值
      leftArr[leftArr.length-1] = Infinity; // 哨兵值
      var m = 0;
      var n = 0;
      for (var k = startLeft; k < stopRight; ++k) {
         if (leftArr[m] <= rightArr[n]) {
            arr[k] = leftArr[m];
            m++;
         }
         else {
            arr[k] = rightArr[n];
            n++;
         }
      }
      print("left array - ", leftArr);
      print("right array - ", rightArr);
   }


   var nums = [6,10,1,9,4,8,2,7,3,5];
   print(nums);
   print();
   mergeSort(nums);
   print();
   print(nums);
```

mergeSort() 函数中的关键点就是 step 这个变量，它用来控制 mergeArrays() 函数生成的 leftArr 和 rightArr 这两个子序列的大小。通过控制子序列的大小，处理排序是比较高效的，因为它在对小数组进行排序时不需要花费太多时间。合并之所以高效，还有一个原因，由于未合并的数据已经是排好序的，将它们合并到一个有序数组的过程非常容易。

下一步将归并排序添加到 CArray 类中，并记录它处理大数据集的时间。例 12-14 展示了已添加 mergeSort() 和 mergeArrays() 函数的 CArray 类的定义。

例 12-14　已添加归并排序的 CArray 类

```
   function CArray(numElements) {
      this.dataStore = [];
      this.pos = 0;
      this.gaps = [5,3,1];
      this.numElements = numElements;
      this.insert = insert;
      this.toString = toString;
      this.clear = clear;
      this.setData = setData;
      this.setGaps = setGaps;
      this.shellsort = shellsort;
      this.mergeSort = mergeSort;
      this.mergeArrays = mergeArrays;
      for (var i = 0; i < numElements; ++i) {
         this.dataStore[i] = 0;
      }
```

```
}

// 其他函数的定义在这里

function mergeArrays(arr,startLeft, stopLeft, startRight, stopRight) {
   var rightArr = new Array(stopRight - startRight + 1);
   var leftArr = new Array(stopLeft - startLeft + 1);
   k = startRight;
   for (var i = 0; i < (rightArr.length-1); ++i) {
      rightArr[i] = arr[k];
      ++k;
   }

   k = startLeft;
   for (var i = 0; i < (leftArr.length-1); ++i) {
      leftArr[i] = arr[k];
      ++k;
   }

   rightArr[rightArr.length-1] = Infinity; // 哨兵值
   leftArr[leftArr.length-1] = Infinity; // 哨兵值
   var m = 0;
   var n = 0;
   for (var k = startLeft; k < stopRight; ++k) {
      if (leftArr[m] <= rightArr[n]) {
         arr[k] = leftArr[m];
         m++;
      }
      else {
         arr[k] = rightArr[n];
         n++;
      }
   }
   print("left array - ", leftArr);
   print("right array - ", rightArr);
}

function mergeSort() {
   if (this.dataStore.length < 2) {
      return;
   }
   var step = 1;
   var left, right;
   while (step < this.dataStore.length) {
      left = 0;
      right = step;
      while (right + step <= this.dataStore.length) {
         mergeArrays(this.dataStore, left, left+step, right, right+step);
         left = right + step;
         right = left + step;
      }
      if (right < this.dataStore.length) {
         mergeArrays(this.dataStore, left, left+step, right, this.dataStore.length);
      }
      step *= 2;
```

```
    }
}

var nums = new CArray(10);
nums.setData();
print(nums.toString());
nums.mergeSort();
print(nums.toString());
```

12.3.3 快速排序

快速排序是处理大数据集最快的排序算法之一。它是一种分而治之的算法，通过递归的方式将数据依次分解为包含较小元素和较大元素的不同子序列。该算法不断重复这个步骤直到所有数据都是有序的。

这个算法首先要在列表中选择一个元素作为*基准值*（pivot）。数据排序围绕基准值进行，将列表中小于基准值的元素移到数组的底部，将大于基准值的元素移到数组的顶部。

图 12-5 演示了数据围绕基准值进行排序的过程

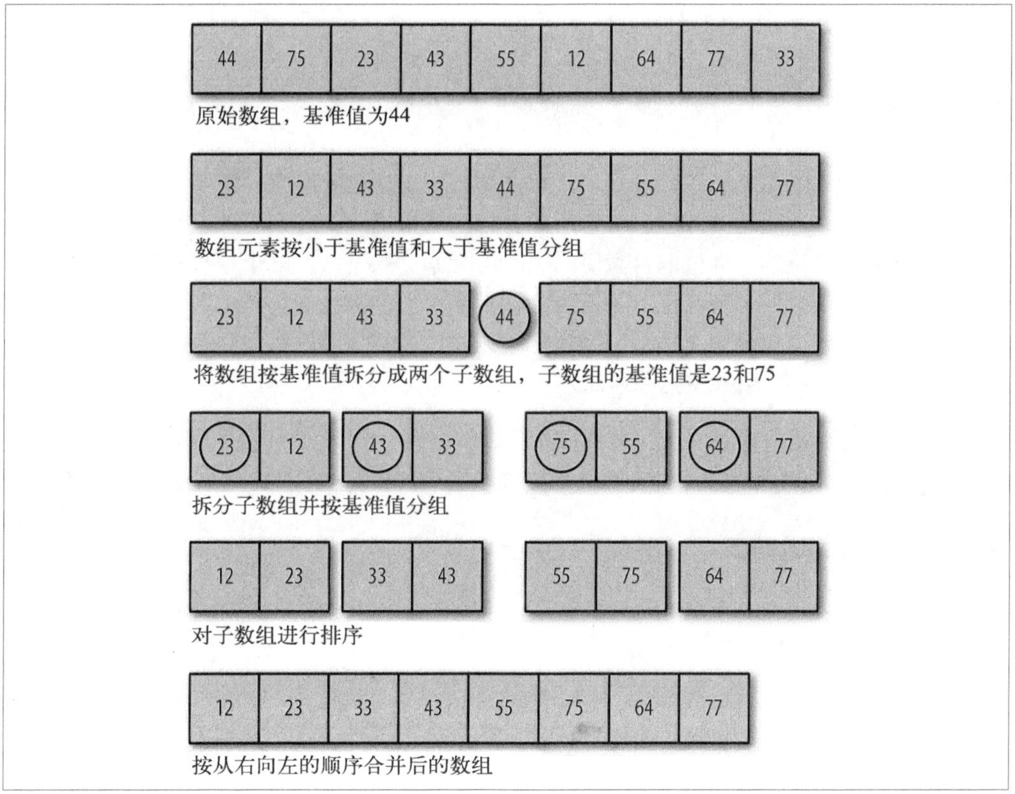

图 12-5：围绕基准进行数据排序

快速排序的算法和伪代码

快速排序的算法如下：

(1) 选择一个基准元素，将列表分隔成两个子序列；
(2) 对列表重新排序，将所有小于基准值的元素放在基准值的前面，所有大于基准值的元素放在基准值的后面；
(3) 分别对较小元素的子序列和较大元素的子序列重复步骤 1 和 2。

这个算法的 JavaScript 程序如下所示：

```
function qSort(list) {
    if (list.length == 0) {
        return [];
    }
    var lesser = [];
    var greater = [];
    var pivot = list[0];
    for (var i = 1; i < list.length; i++) {
        if (list[i] < pivot) {
           lesser.push(list[i]);
        } else {
           greater.push(list[i]);
        }
    }
    return qSort(lesser).concat(pivot, qSort(greater));
}
```

这个函数首先检查数组的长度是否为 0。如果是，那么这个数组就不需要任何排序，函数直接返回。否则，创建两个数组，一个用来存放比基准值小的元素，另一个用来存放比基准值大的元素。这里的基准值取自数组的第一个元素。接下来，这个函数对原始数组的元素进行遍历，根据它们与基准值的关系将它们放到合适的数组中。然后对于较小的数组和较大的数组分别递归调用这个函数。当递归结束时，再将较大的数组和较小的数组连接起来，形成最终的有序数组并将结果返回。

我们用一些数据来测试这个算法。由于 qSort 函数使用了递归，我们就不使用数组测试平台了，而是创建一个由随机数字组成的数组，并直接对它进行排序。例 12-15 展示了这个程序。

例 12-15　使用快速排序算法对数据进行排序

```
function qSort(arr)
{
    if (arr.length == 0) {
        return [];
    }
    var left = [];
    var right = [];
    var pivot = arr[0];
    for (var i = 1; i < arr.length; i++) {
```

```
            if (arr[i] < pivot) {

               left.push(arr[i]);
            } else {

               right.push(arr[i]);
            }
        }
        return qSort(left).concat(pivot, qSort(right));
    }
    var a = [];
    for (var i = 0; i < 10; ++i) {
        a[i] = Math.floor((Math.random()*100)+1);
    }
    print(a);
    print();
    print(qSort(a));
```

以上程序的输出结果为：

```
68,80,12,80,95,70,79,27,88,93

12,27,68,70,79,80,80,88,93,95
```

快速排序算法非常适用于大型数据集合；在处理小数据集时性能反而会下降。

为了更好地演示快速排序是如何运行的，以下程序将对当前选中的基准值及如何围绕基准进行数据排序的部分进行突出显示：

```
function qSort(arr)
{
    if (arr.length == 0) {
        return [];
    }
    var left = [];
    var right = [];
    var pivot = arr[0];
    for (var i = 1; i < arr.length; i++) {
        print(" 基准值：" + pivot + " 当前元素：" + arr[i]);
        if (arr[i] < pivot) {
           print(" 移动 " + arr[i] + " 到左边 ");
           left.push(arr[i]);
        } else {
           print(" 移动 " + arr[i] + " 到右边 ");
           right.push(arr[i]);
        }
    }
    return qSort(left).concat(pivot, qSort(right));
}
var a = [];
for (var i = 0; i < 10; ++i) {
    a[i] = Math.floor((Math.random()*100)+1);
}
```

```
print(a);
print();
print(qSort(a));
```

以上程序的输出结果为：

```
9,3,93,9,65,94,50,90,12,65

基准值：9 当前元素：3
移动 3 到左边
基准值：9 当前元素：93
移动 93 到右边
基准值：9 当前元素：9
移动 9 到右边
基准值：9 当前元素：65
移动 65 到右边
基准值：9 当前元素：94
移动 94 到右边
基准值：9 当前元素：50
移动 50 到右边
基准值：9 当前元素：90
移动 90 到右边
基准值：9 当前元素：12
移动 12 到右边
基准值：9 当前元素：65
移动 65 到右边
基准值：93 当前元素：9
移动 9 到左边
基准值：93 当前元素：65
移动 65 到左边
基准值：93 当前元素：94
移动 94 到右边
基准值：93 当前元素：50
移动 50 到左边
基准值：93 当前元素：90
移动 90 到左边
基准值：93 当前元素：12
移动 12 到左边
基准值：93 当前元素：65
移动 65 到左边
基准值：9 当前元素：65
移动 65 到右边
基准值：9 当前元素：50
移动 50 到右边
基准值：9 当前元素：90
移动 90 到右边
基准值：9 当前元素：12
移动 12 到右边
基准值：9 当前元素：65
移动 65 到右边
基准值：65 当前元素：50
移动 50 到左边
基准值：65 当前元素：90
移动 90 到右边
```

```
基准值：65 当前元素：12
移动 12 到左边
基准值：65 当前元素：65
移动 65 到右边
基准值：50 当前元素：12
移动 12 到左边
基准值：90 当前元素：65
移动 65 到左边
3,9,9,12,50,65,65,90,93,94
```

12.4 练习

1. 使用本章讨论的所有算法对字符串数据而非数字数据进行排序，并比较不同算法的执行时间。这两者的结果是否一致呢？

2. 创建一个包含 1000 个整数的有序数组。编写一个程序，用本章讨论的所有算法对这个数组排序，分别记下它们的执行时间，并进行比较。如果对一个无序的数组进行排序结果又会怎样？

3. 创建一个包含 1000 个整数的倒序数组。编写一个程序，用本章讨论的所有算法对这个数组排序，分别记下它们的执行时间，并进行比较。

4. 创建一个包含 10 000 个随机整数的数组，使用快速排序和 JavaScript 内置的排序函数分别对它进行排序，记录下它们的执行时间。这两种方法在执行时间上是否有区别？

第13章

检索算法

作为最基本的计算机编程任务，数据检索已经被研究了很多年。本章只介绍数据检索的一个方面：如何在列表中查找特定的值。

在列表中查找数据有两种方式：*顺序查找*和*二分查找*。顺序查找适用于元素随机排列的列表；二分查找适用于元素已排序的列表。二分查找效率更高，但是你必须在进行查找之前花费额外的时间将列表中的元素排序。

13.1 顺序查找

对于查找数据来说，最简单的方法就是从列表的第一个元素开始对列表元素逐个进行判断，直到找到了想要的结果，或者直到列表结尾也没有找到。这种方法称为顺序查找，有时也被称为*线性*查找。它属于*暴力*查找技巧的一种，在执行查找时可能会访问到数据结构里的所有元素。

顺序查找的实现很简单。只要从列表的第一个元素开始循环，然后逐个与要查找的数据进行比较。如果匹配到了，则结束查找。如果到了列表的结尾也没有匹配到，那么这个数据就不存在于这个列表中。

例 13-1 展示了如何对数组使用顺序查找。

例 13-1　seqSearch() 函数

```
function seqSearch(arr, data) {
   for (var i = 0; i < arr.length; ++i) {
      if (arr[i] == data) {
```

```
            return true;
         }
      }
      return false;
   }
```

如果在数组中找到了参数 data，函数会立即返回 true。如果直到数组的结尾也没有找到该参数，函数将会返回 false。

例 13-2 展示的程序将用于测试我们的顺序查找函数，其中包括了一个可以简单输出数组内容的函数。像第 12 章一样，我们使用从 1 到 100 的区间生成的随机数来填充一个数组。同时使用一个函数输出这个数组的内容。

例 13-2　执行 +seqSearch() 函数

```
function dispArr(arr) {
  for (var i = 0; i < arr.length; ++i) {
     putstr(arr[i] + " ");
     if (i % 10 == 9) {
        putstr("\n");
    }
  }
  if (i % 10 != 0) {
     putstr("\n");
  }
}

var nums = [];
for (var i = 0; i < 100; ++i) {
   nums[i] = Math.floor(Math.random() * 101);
}
dispArr(nums);
putstr(" 输入一个要查找的数字：");
var num = parseInt(readline());
print();
if (seqSearch(nums, num)) {
   print(num + " 出现在这个数组中。");
}
else {
   print(num + " 没有出现在这个数组中。");
}
print();
dispArr(nums);
```

该程序创建了一个包含 0~100 随机数的数组。用户输入一个值，然后被程序查找，并且输出查找的结果。最后，该程序会输出整个数组的内容用于判断函数的返回值是否正确。示例如下：

```
输入一个要查找的数字：23

23 有出现在这个数组中。
```

```
13 95 72 100 94 90 29 0 66 2 29
42 20 69 50 49 100 34 71 4 26
85 25 5 45 67 16 73 64 58 53
66 73 46 55 64 4 84 62 45 99
77 62 47 52 96 16 97 79 55 94
88 54 60 40 87 81 56 22 30 91
99 90 23 18 33 100 63 62 46 6
10 5 25 48 9 8 95 33 82 32
56 23 47 36 88 84 33 4 73 99
60 23 63 86 51 87 63 54 62
```

我们也可以编写用于返回匹配元素位置的顺序查找函数。例 13-3 给出了这种版本的 seqSearch() 函数定义。

例 13-3　将 seqSearch() 函数的返回值修改为匹配到的元素位置（或者 -1）

```
function seqSearch(arr, data) {
   for (var i = 0; i < arr.length; ++i) {
      if (arr[i] == data) {
         return i;
      }
   }
   return -1;
}
```

注意，如果没有找到要查找的数据，函数返回 -1。由于没有元素存储在 -1 的位置，所以这个返回值很赞。

例 13-4 展示的程序用到了 seqSearch() 函数的第二种定义。

例 13-4　测试修改后的 seqSearch() 函数

```
var nums = [];
for (var i = 0; i < 100; ++i) {
   nums[i] = Math.floor(Math.random() * 101);
}
putstr(" 输入一个要查找的数字：");
var num = readline();
print();
var position = seqSearch(nums, num);
if (position > -1) {
   print(num + " 在这个数组中的索引位置是 " + position);
}
else {
   print(num + " 没有出现在这个数组中。");
}
print();
dispArr(nums);
```

以上程序的运行结果输出如下：

```
输入一个要查找的数字：22
```

```
22 在这个数组中的索引位置是 35

35 36 38 50 24 81 78 43 26 26 89
88 39 1 56 92 17 77 53 36 73
61 54 32 97 27 60 67 16 70 59
4 76 7 38 22 87 30 42 91 79
6 61 56 84 6 82 55 91 10 42
37 46 4 85 37 18 27 76 29 2
76 46 87 16 1 78 6 43 72 2
51 65 70 91 73 67 1 57 53 31
16 64 89 84 76 91 15 39 38 3
19 66 44 97 29 6 1 72 62
```

请注意，`seqSearch()` 函数的执行速度比内置的 `Array.indexof()` 方法慢，这里仅用来演示顺序查找是如何运行的。

13.1.1 查找最小值和最大值

计算机编程问题经常涉及查找最小值和最大值。在已排序的数据结构中查找这两个值是个很简单的事情。然而，在未排序的数据结构中要找到这两个值则更具挑战。

首先看看如何在数组中查找最小值，算法如下。

(1) 将数组第一个元素赋值给一个变量，把这个变量作为最小值。
(2) 开始遍历数组，从第二个元素开始依次同当前最小值进行比较。
(3) 如果当前元素数值小于当前最小值，则将当前元素设为新的最小值。
(4) 移动到下一个元素，并且重复步骤 3。
(5) 当程序结束时，这个变量中存储的就是最小值。

图 13-1 演示了该算法的运行过程。

这个算法很容易用 JavaScript 函数写出来，如例 13-5 所示。

例 13-5 `findMin()` 函数

```
function findMin(arr) {
   var min = arr[0];
   for (var i = 1; i < arr.length; ++i) {
      if (arr[i] < min) {
         min = arr[i];
      }
   }
   return min;
}
```

需要注意的关键部分，由于我们假设数组的第一个元素就是当前的最小值，所以这个函数会从数组的第二个元素开始进行处理。

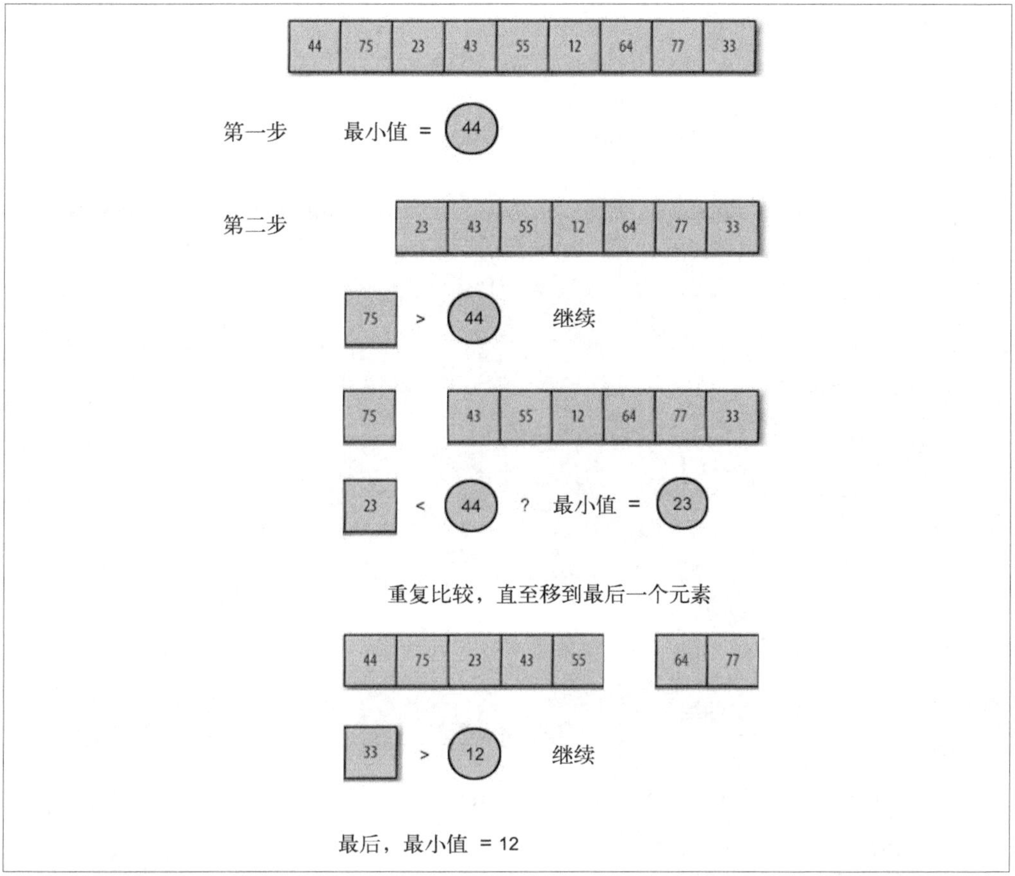

图 13-1：查找数组中的最小值

例 13-6 展示了测试该函数的程序。

例 13-6　查找数组中的最小值

```
var nums = [];
for (var i = 0; i < 100; ++i) {
   nums[i] = Math.floor(Math.random() * 101);
}
var minValue = findMin(nums);
dispArr(nums);
print();
print(" 最小值是：" + minValue);
```

以上程序的输出结果如下：

```
89 30 25 32 72 70 51 42 25 24 53
55 78 50 13 40 48 32 26 2 14
33 45 72 56 44 21 88 27 68 15
93 98 73 28 16 46 87 28 65 38
67 16 85 63 23 69 64 91 9 70
```

```
81 27 97 82 6 88 3 7 46 13
11 64 31 26 38 28 13 17 69 90
1 6 7 64 43 9 73 80 98 46
27 22 87 49 83 6 39 42 51 54
84 34 53 78 40 14 5 76 62
最小值是：1
```

查找最大值算法的思路与此类似，先将数组的第一个元素设为最大值，然后循环对数组剩下的每个元素与当前最大值进行比较。如果当前元素的值大于当前的最大值，则将该元素的值赋值给最大值变量。例 13-7 展示了函数的具体定义。

例 13-7　findMax() 函数

```
function findMax(arr) {
   var max = arr[0];
   for (var i = 1; i < arr.length; ++i) {
      if (arr[i] > max) {
         max = arr[i];
      }
   }
   return max;
}
```

例 13-8 展示了同时查找最小值和最大值的程序。

例 13-8　使用 findMax() 函数

```
var nums = [];
for (var i = 0; i < 100; ++i) {
   nums[i] = Math.floor(Math.random() * 101);
}
var minValue = findMin(nums);
dispArr(nums);
print();
print();
print(" 最小值是：" + minValue);
var maxValue = findMax(nums);
print();
print(" 最大值是：" + maxValue);
```

以上程序的输出结果如下：

```
26 94 40 40 80 85 74 6 6 87 56
91 86 21 79 72 77 71 99 45 5
5 35 49 38 10 97 39 14 62 91
42 7 31 94 38 28 6 76 78 94
30 47 74 20 98 5 68 33 32 29
93 18 67 8 57 85 66 49 54 28
17 42 75 67 59 69 6 35 86 45
62 82 48 85 30 87 99 46 51 47
71 72 36 54 77 19 11 52 81 52
41 16 70 55 97 88 92 2 77

最小值是：2

最大值是：99
```

13.1.2 使用自组织数据

对于未排序的数据集来说，当被查找的数据位于数据集的起始位置时，查找是最快、最成功的。通过将成功找到的元素置于数据集的起始位置，可以保证在以后的操作中该元素能被更快地查找到。

该策略背后的理论是：通过将频繁查找到的元素置于数据集的起始位置来最小化查找次数。比如，如果你是一个图书馆管理员，并且你在一天内会被问到好几次同一本参考书，那么你将会把这本书放在触手可及的地方。经过多次查找之后，查找最频繁的元素会从原来的位置移动到数据集的起始位置。这就是一个数据自组织的例子：数据的位置并非由程序员在程序执行之前就组织好，而是在程序运行过程中由程序自动组织的。

由于对数据的查找遵循"80-20 原则"，因此将你的数据转化为自组织的形式是很有意义的。"80-20 原则"是指对某一数据集执行的 80% 的查找操作都是对其中 20% 的数据元素进行查找。自组织的方式最终会把这 20% 的数据置于数据集的起始位置，这样便可以通过一个简单的顺序查找快速找到它们。

类似这种"80-20 原则"的概率分布被称为帕累托（Pareto）分布，它是由帕累托（Vilfredo Pareto）在 19 世纪末期研究收入和财富的分布时发现的。更多关于数据集的概率分布可以参考高纳德（Donald Knuth）编写的《计算机程序设计艺术，卷 3：排序与查找》。

我们可以很轻松地对 seqSearch() 函数进行改动以加入自组织方式。例 13-9 展示了我们对这个函数定义的第一次尝试。

例 13-9 包含自组织方式的 seqSearch() 函数

```
function seqSearch(arr, data) {
   for (var i = 0; i < arr.length; ++i) {
      if (arr[i] == data) {
         if (i > 0) {
            swap(arr,i,i-1);
         }
         return true;
      }
   }
   return false;
}
```

你会发现该函数在不断地检查确认已找到的数据是否已经排在最前面。

在之前的函数定义中用到了 swap() 函数来对这次找到的数据与当前存储在上一个位置的数据进行互换。以下是 swap() 函数的定义：

```
function swap(arr, index, index1) {
   temp = arr[index];
   arr[index] = arr[index1];
```

```
      arr[index1] = temp;
   }
```

你会发现，使用这个方法之后，查找最频繁的元素最终会移动到数据集的起始位置，这有点类似于对数据进行排序时用到的冒泡排序算法。比如：

```
   var numbers = [5,1,7,4,2,10,9,3,6,8];
   print(numbers);
   for (var i = 1; i <= 3; i++) {
      seqSearch(numbers, 4);
      print(numbers);
   }
```

以上程序的运行结果输出如下：

```
   5,1,7,4,2,10,9,3,6,8
   5,1,4,7,2,10,9,3,6,8
   5,4,1,7,2,10,9,3,6,8
   4,5,1,7,2,10,9,3,6,8
```

注意观察，4 被连续查找 3 次之后是如何冒泡到列表前面去的。

这种技巧同时可以保证已经在数据集前面的元素不会被越移越远。

另外一种给 seqSearch() 函数添加自组织数据的方法是：将找到的元素移动到数据集的起始位置，但是如果这个元素已经很接近起始位置，则不会对它的位置进行交换。要实现这个目标，我们只对距离数据集起始位置一定范围外的元素进行交换。我们只需要定义哪些是离数据集起始位置足够近的元素，通过这个来决定是否需要将元素移动到接近数据集的起始位置。再次参照“80-20 原则”，我们可以确定以下原则：仅当数据位于数据集的前 20% 元素之外时，该数据才需要被重新移动到数据集的起始位置。

例 13-10 展示了新版本的 seqSearch() 函数定义。

例 13-10　使用更好的自组织方式的 seqSearch() 函数

```
   function seqSearch(arr, data) {
      for (var i = 0; i < arr.length; ++i) {
         if (arr[i] == data && i > (arr.length * 0.2)) {
            swap(arr,i,0);
            return true;
         }
         else if (arr[i] == data) {
            return true;
         }
      }
      return false;
   }
```

例 13-11 展示了通过 10 个元素的小数据集对以上定义的函数进行测试的程序。

例 13-11　自组织方式的查找

```
var nums = [];
for (var i = 0; i < 10; ++i) {
   nums[i] = Math.floor(Math.random() * 11);
}
dispArr(nums);
print();
putstr(" 输入一个要查找的值：");
var val = parseInt(readline());
if (seqSearch(nums, val)) {
   print(" 找到了元素：");
   print();
   dispArr(nums);
}
else {
   print(val + " 没有出现在这个数组中。");
}
```

以上程序的运行结果输出如下：

```
4 5 1 8 10 1 3 10 0 1
输入一个要查找的值：3

找到了元素：

3 5 1 8 10 1 4 10 0 1
```

我们再执行一遍该程序，这次要查找的目标数据位置在测试数据集中更靠前：

```
4 2 9 5 0 6 9 4 5 6
输入一个要查找的值：2
找到了元素：

4 2 9 5 0 6 9 4 5 6
```

因为被查找的元素很接近数据集的起始位置，所以函数没有改变它的位置。

到现在为止我们讨论的都是对未排序数据的查找。但如果在查找之前先将数据排序，将会显著加快对大数据集的查找。下一节将讨论一种面向已排序数据的查找算法——二分查找。

13.2　二分查找算法

如果你要查找的数据是有序的，二分查找算法比顺序查找算法更高效。要理解二分查找算法的原理，可以想象一下你在玩一个猜数字游戏，这个数字位于 1~100 之间，而要猜的数字是由你的朋友来选定的。游戏规则是，你每猜一个数字，你的朋友将会做出以下三种回应中的一种：

(1) 猜对了；

(2) 猜大了；

(3) 猜小了。

根据以上规则，第一次猜 50 将会是最佳策略。如果猜的值太大，就猜 25。如果太小，就应该猜 75。每一次猜测，都应该选择当前最小值和最大值的中间点（取决于你上次猜测的结果是太大还是太小）。然后将这个中间值作为下次要猜的数字。只要你采用这个策略，就可以用最少的次数猜出这个数字。图 13-2 演示了如何通过这个策略猜出 82 这个数字。

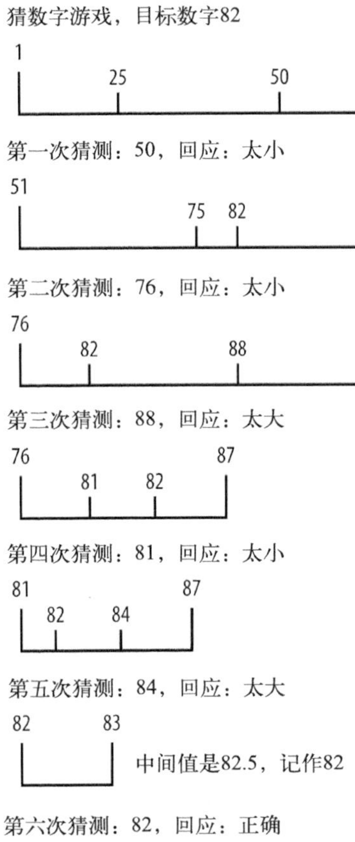

图 13-2：用二分查找算法猜数字

我们可以将这个策略实现为二分查找算法。这个算法只对有序的数据集有效。算法描述如下。

(1) 将数组的第一个位置设置为下边界（0）。

(2) 将数组最后一个元素所在的位置设置为上边界（数组的长度减 1）。

(3) 若下边界等于或小于上边界，则做如下操作。

a. 将中点设置为（上边界加上下边界）除以 2。
b. 如果中点的元素小于查询的值，则将下边界设置为中点元素所在下标加 1。
c. 如果中点的元素大于查询的值，则将上边界设置为中点元素所在下标减 1。
d. 否则中点元素即为要查找的数据，可以进行返回。

例 13-12 演示了在 JavaScript 中定义的二分查找算法以及用来测试该算法的程序。

例 13-12　使用二分查找算法

```
function binSearch(arr, data) {
   var upperBound = arr.length-1;
   var lowerBound = 0;
   while (lowerBound <= upperBound) {
      var mid = Math.floor((upperBound + lowerBound) / 2);
      if (arr[mid] < data) {
         lowerBound = mid + 1;
      }
      else if (arr[mid] > data) {
         upperBound = mid - 1;
      }
      else {
         return mid;
      }
   }
   return -1;
}

var nums = [];
for (var i = 0; i < 100; ++i) {
   nums[i] = Math.floor(Math.random() * 101);
}
insertionsort(nums);
dispArr(nums);
print();
putstr(" 输入一个要查找的值：");
var val = parseInt(readline());
var retVal = binSearch(nums, val);
if (retVal >= 0) {
   print(" 已找到 " + val + " ，所在位置为：" + retVal);
}
else {
   print(val + " 没有出现在这个数组中。");
}
```

以上程序运行的输出结果为：

```
0 1 2 3 5 7 7 8 8 9 10
11 11 13 13 13 14 14 14 15 15
18 18 19 19 19 19 20 20 20 21
22 22 22 23 23 24 25 26 26 29
```

```
31 31 33 37 37 37 38 38 43 44
44 45 48 48 49 51 52 53 53 58
59 60 61 61 62 63 64 65 68 69
70 72 72 74 75 77 77 79 79 79
83 83 84 84 86 86 86 91 92 93
93 93 94 95 96 96 97 98 100
输入一个要查找的值：37
已找到 37，所在位置为：45
```

在观察这个函数在搜索空间中查找特定值的时候，你会感觉很有趣，因此在例 13-13 中，我们将给 binSearch() 方法添加一条语句用于显示每次重新计算后得到的中点。

例 13-13　在 binSearch() 函数中显示中点的数值

```
function binSearch(arr, data) {
   var upperBound = arr.length-1;
   var lowerBound = 0;
   while (lowerBound <= upperBound) {
      var mid = Math.floor((upperBound + lowerBound) / 2);
      print(" 当前的中点：" + mid);
      if (arr[mid] < data) {
         lowerBound = mid + 1;
      }
      else if (arr[mid] > data) {
         upperBound = mid - 1;
      }
      else {
         return mid;
      }
   }
   return -1;
}
```

重新运行以上程序，输出结果如下：

```
0 0 2 3 5 6 7 7 7 10 11
14 14 15 16 18 18 19 20 20 21
21 21 22 23 24 26 26 27 28 28
30 31 32 32 32 32 33 34 35 36
36 37 37 38 38 39 41 41 41 42
43 44 47 47 50 51 52 53 56 58
59 59 60 62 65 66 66 67 67 67
68 68 68 69 70 74 74 76 76 77
78 79 79 81 81 81 82 82 87 87
87 87 92 93 95 97 98 99 100
输入一个要查找的值：82
当前的中点：49
当前的中点：74
当前的中点：87
已找到 82 ，所在位置为：87
```

从输出的结果我们可以看出，最初的中点数值是 49。比我们要查找的 82 小的多，所以计算后得到的下一个中点数值为 74。这个值还是太小，再次计算，得到新的中点数值是 87，我们要找的值正好在这个位置，至此，查找结束。

计算重复次数

当 binSearch() 函数找到某个值时，如果在数据集中还有其他相同的值出现，那么该函数会定位在类似值的附近。换句话说，其他相同的值可能会出现已找到值的左边或右边。

如果这对你来说不容易理解，那么多运行几次 binSearch() 函数，注意函数返回的已找到值的位置。以下是本章较早前的一个示例结果：

```
0 1 2 3 5 7 7 8 8 9 10
11 11 13 13 13 14 14 14 15 15
18 18 19 19 19 19 20 20 20 21
22 22 22 23 23 24 25 26 26 29
31 31 33 37 37 37 38 38 43 44
44 45 48 48 49 51 52 53 53 58
59 60 61 61 62 63 64 65 68 69
70 72 72 74 75 77 77 79 79 79
83 83 84 84 86 86 86 91 92 93
93 93 94 95 96 96 97 98 100
输入一个要查找的值：37
已找到 37 ，所在位置为：45
```

如果你数一下每个元素的位置，你会发现函数中找到的数字 37 其实是 3 个 37 中位置居中的那一个。这就是 binSearch() 方法的本质。

所以一个统计重复值的函数要怎么做才能确保统计到了数据集中出现的所有重复的值呢？最简单的解决方案是写两个循环，两个都同时对数据集向下遍历，或者向左遍历，统计重复次数；然后，向上或向右遍历，统计重复次数。例 13-14 演示了 count() 函数的定义。

例 13-14 count() 函数

```
function count(arr, data) {
   var count = 0;
   var position = binSearch(arr, data);
   if (position > -1) {
      ++count;
      for (var i = position-1; i > 0; --i) {
         if (arr[i] == data) {
            ++count;
         }
         else {
            break;
         }
      }
      for (var i = position+1; i < arr.length; ++i) {
         if (arr[i] == data) {
            ++count;
         }
         else {
```

```
                break;
            }
        }
    }
    return count;
}
```

这个函数一开始调用 binSearch() 函数来查找指定的值。如果在数据集中能找到这个值，那么这个函数将开始通过两个循环来统计这个值出现的次数。第一个循环向下遍历数组，统计找到的值出现的次数，当下一个值与要查找的值不匹配时则停止计数。第二个循环向上遍历数组，统计找到的值出现的次数，当下一个值与要查找的值不匹配时则停止计数。例 13-15 演示了如何在程序中使用 count() 函数。

例 13-15 使用 count() 函数

```
var nums = [];
for (var i = 0; i < 100; ++i) {
   nums[i] = Math.floor(Math.random() * 101);
}
insertionsort(nums);
dispArr(nums);
print();
putstr(" 输入一个要计数的值：");
var val = parseInt(readline());
var retVal = count(nums, val);
print(" 找到了 " + retVal + " 次重复出现的 " + val + "。");
```

该程序的一个运行示例如下：

```
0 1 3 5 6 8 8 9 10 10 10
12 12 13 15 18 18 18 20 21 21
22 23 24 24 24 25 27 27 30 30
30 31 32 35 35 35 36 37 40 40
41 42 42 44 44 45 45 46 47 48
51 52 55 56 56 56 57 58 59 60
61 61 61 63 64 66 67 69 69 70
70 72 72 73 74 74 75 77 78 78
78 78 82 82 83 84 87 88 92 92
93 94 94 96 97 99 99 99 100
输入一个要计数的值：45
找到了 2 次重复出现的 45。
```

该程序的另一个示例运行结果如下：

```
0 1 1 2 2 3 6 7 7 7 7
8 8 8 11 11 11 11 11 12 14
15 17 18 18 18 19 19 23 25 27
28 29 30 30 31 32 32 32 33 36
36 37 37 38 38 39 43 43 43 45
47 48 48 48 49 50 53 55 55 55
59 59 60 62 65 66 67 67 71 72
73 73 75 76 77 79 79 79 79 83
85 85 87 88 89 92 92 93 93 93
```

```
94 94 94 95 96 97 98 98 99
输入一个要计数的值：56
找到了 0 次重复出现的 56。
```

13.3 查找文本数据

到目前为止，我们所有的查找都是关于数值型数据的查找。但其实本章所介绍的算法同时也适用于文本数据的查找。首先，定义将要用到的数据集。

```
The nationalism of Hamilton was undemocratic. The democracy of Jefferson was,
in the beginning, provincial. The historic mission of uniting nationalism and
democracy was in the course of time given to new leaders from a region beyond
the mountains, peopled by men and women from all sections and free from those
state traditions which ran back to the early days of colonization. The voice
of the democratic nationalism nourished in the West was heard when Clay of
Kentucky advocated his American system of protection for industries; when
Jackson of Tennessee condemned nullification in a ringing proclamation that
has taken its place among the great American state papers; and when Lincoln
of Illinois, in a fateful hour, called upon a bewildered people to meet the
supreme test whether this was a nation destined to survive or to perish. And
it will be remembered that Lincoln's party chose for its banner that earlier
device--Republican--which Jefferson had made a sign of power. The "rail splitter"
from Illinois united the nationalism of Hamilton with the democracy of Jefferson,
and his appeal was clothed in the simple language of the people, not in the
sonorous rhetoric which Webster learned in the schools.
```

这段文字来自于 Peter Norvig 的网站上的 big.txt 文件。

这个文件是一个文本文件（.txt），它和 JavaScript 解释器（js.exe）存放在相同的目录下。

我们只需要使用下面一行代码就能让程序读取该文件：

```
var words = read("words.txt").split(" ");
```

这行代码在读取文件（words.txt）时会将文本存储在一个数组中，然后通过 split() 方法以空格为分隔符将文件拆分成单个单词。这段代码并不完美，因为标点符号依然留在文件中，并且会和离它最近的单词存储在一块，但是它已经可以满足我们的需求了。

文件中的信息被存储在数组中之后，就可以通过搜索这个数组来查找单词。我们先从靠近文档末尾的单词 rhetoric 开始进行顺序查找。同时需要记录执行查找所消耗的时间以便和二分查找进行比较。我们复制了第 12 章中的记时代码，你可以重温并复习那段内容。例 13-16 展示了具体代码。

例 13-16　使用 seqSearch() 函数查找文本文件

```
function seqSearch(arr, data) {
   for (var i = 0; i < arr.length; ++i) {
      if (arr[i] == data) {
```

```
            return i;
         }
      }
      return -1;
   }

   var words = read("words.txt").split(" ");
   var word = "rhetoric";
   var start = new Date().getTime();
   var position = seqSearch(words, word);
   var stop = new Date().getTime();
   var elapsed = stop - start;
   if (position >= 0) {
      print(" 单词 " + word + " 被找的位置在：" + position + "。");
      print(" 顺序查找消耗了 " + elapsed + " 毫秒。");
   }
   else {
      print(word + " 这个单词没有出现在这个文件内容中。");
   }
```

以上程序的运行结果输出如下：

```
单词 rhetoric 被找的位置在：174。
顺序查找消耗了 0 毫秒。
```

虽然二分查找的运行速度更快，然而我们却无法衡量 seqSearch() 和 binSearch() 之间的区别，但这里我们还是会运行这段使用二分查找的代码，来确保 binSearch() 函数能够正确地处理文本。示例 13-17 展示了相关代码以及输出结果。

例 13-17　使用 binSearch() 函数查找文本数据

```
function binSearch(arr, data) {
   var upperBound = arr.length-1;
   var lowerBound = 0;
   while (lowerBound <= upperBound) {
      var mid = Math.floor((upperBound + lowerBound) / 2);
      if (arr[mid] < data) {
         lowerBound = mid + 1;
      }
      else if (arr[mid] > data) {
         upperBound = mid - 1;
      }
      else {
         return mid;
      }
  }
  return -1;
}

function insertionsort(arr) {
   var temp, inner;
   for (var outer = 1; outer <= arr.length-1; ++outer) {
      temp = arr[outer];
```

```
        inner = outer;
        while (inner > 0 && (arr[inner-1] >= temp)) {
           arr[inner] = arr[inner-1];
           --inner;
        }
        arr[inner] = temp;
     }
  }

  var words = read("words.txt").split(" ");
  insertionsort(words);
  var word = "rhetoric";
  var start = new Date().getTime();
  var position = binSearch(words, word);
  var stop = new Date().getTime();
  var elapsed = stop - start;
  if (position >= 0) {
     print(" 单词 " + word + " 被找的位置在： " + position + "。");
     print(" 二分查找消耗了 " + elapsed + " 毫秒。");
  }
  else {
     print(word + " 这个单词没有出现在这个文件内容中。");
  }

  单词 rhetoric 被找的位置在：124。
  二分查找消耗了 0 毫秒。
```

在这个超高速处理器的时代，除非面向大数据集，否则要测量顺序查找和二分查找耗时上的区别变得越来越困难。然而，处理大数据集时二分查找要要比顺序查找速度快，这一观点在数学理论上已经得到了证明。这是由于在决定算法性能的每一步循环嵌套中，二分查找减少了一半的查找量（数组中的元素）。

13.4 练习

1. 顺序查找算法总是查找数据集中匹配到的第一个元素。请重写该算法使之返回匹配到的最后一个元素。

2. 对同一个数据集进行测试，比较顺序查找算法执行所花费的时间与同时使用插入排序算法和二分查找算法花费的总时间。你得到的结果是什么？

3. 创建一个函数用来查找数据集中的次小元素。你能否归纳一下，如何实现查找第三小、第四小，等等的搜索函数？在至少有 1000 个元素的数据集上测试你的函数。请同时在数字和文本数据集上进行测试。

第 14 章

高级算法

本章将探讨两个高级主题：动态规划和贪心算法。*动态规划*有时被认为是一种与递归相反的技术。递归是从顶部开始将问题分解，通过解决掉所有分解出小问题的方式，来解决整个问题。动态规划解决方案从底部开始解决问题，将所有小问题解决掉，然后合并成一个整体解决方案，从而解决掉整个大问题。本章与本书其他多数章节的不同在于，这里没有讨论除数组以外其他形式的数据结构。有时，如果使用的算法足够强大，那么一个简单的数据结构就足以解决问题。

*贪心算法*是一种以寻找“优质解”为手段从而达成整体解决方案的算法。这些优质的解决方案称为*局部最优解*，将有希望得到正确的最终解决方案，也称为*全局最优解*。“贪心”这个术语来自于这些算法无论如何总是选择当前的最优解这个事实。通常，贪心算法会用于那些看起来近乎无法找到完整解决方案的问题，然而，出于时间和空间的考虑，次优解也是可以接受的。

关于高级算法和数据结构的更多知识，可以参考《算法导论》（MIT 出版社）这本非常好的书。

14.1 动态规划

使用递归去解决问题虽然简洁，但效率不高。包括 JavaScript 在内的众多语言，不能高效地将递归代码解释为机器代码，尽管写出来的程序简洁，但是执行效率低下。但这并不是说使用递归是件坏事，本质上说，只是那些指令式编程语言和面向对象的编程语言对递归的实现不够完善，因为它们没有将递归作为高级编程的特性。

许多使用递归去解决的编程问题，可以重写为使用动态规划的技巧去解决。动态规划方案通常会使用一个数组来建立一张表，用于存放被分解成众多子问题的解。当算法执行完毕，最终的解将会在这个表中很明显的地方被找到，接下来看看斐波那契数列的例子。

14.1.1 动态规划实例：计算斐波那契数列

斐波那契数列可以定义为以下序列：

```
0, 1, 1, 2, 3, 5, 8, 13, 21, 34, 55, …
```

可以看到，该序列是由前两项数值相加而成的。这个数列的历史非常悠久，至少可以追溯到公元 700 年。它以意大利数学家列奥纳多·斐波那契（Leornardo Fibonacci）的名字命名，斐波那契在 1202 年使用这个数列描述理想状态下兔子的增长。

这是一个简单的递归函数，你可以使用它来生成数列中指定序号的数值。以下是斐波那契函数的 JavaScript 代码：

```
function recurFib(n) {
   if (n < 2) {
      return n;
   }
   else {
      return recurFib(n-1) + recurFib(n-2);
   }
}

print(recurFib(10)); // 显示 55
```

这个函数的问题在于它的执行效率非常低。我们可以研究图 14-1 中展示的 `fib(5)` 递归树来看到为什么它的执行效率会这么差。

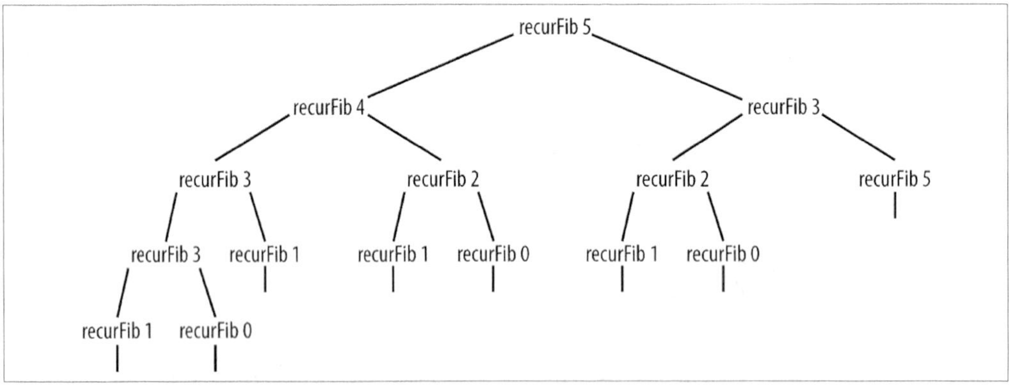

图 14-1：斐波那契函数生成的递归树

很明显有太多值在递归调用中被重新计算。如果编译器可以将已经计算的值记录下来，函数的执行效率就不会如此差。我们可以使用动态规划的技巧来设计一个效率更高的算法。

使用动态规划设计的算法从它能解决的最简单的子问题开始，继而通过得到的解，去解决其他更复杂的子问题，直到整个问题都被解决。所有子问题的解通常被存储在一个数组里以便于访问。

我们可以通过研究使用动态规划的技巧去计算斐波那契数列来展示动态规划的本质，下面的小节演示了这个函数的定义：

```
function dynFib(n) {
   var val = [];
   for (var i = 0; i <= n; ++i) {
      val[i] = 0;
   }
   if (n == 1 || n == 2) {
      return 1;
   }
   else {
      val[1] = 1;
      val[2] = 2;
      for (var i = 3; i <= n; ++i) {
         val[i] = val[i-1] + val[i-2];
      }
      return val[n-1];
   }
}
```

我们在这个数组 val 中保存了中间结果。如果要计算的斐波那契数是 1 或者 2，那么 if 语句会返回 1。否则，数值 1 和 2 将被保存在 val 数组中 1 和 2 的位置。循环将会从 3 到输入的参数之间进行遍历，将数组的每个元素赋值为前两个元素之和，循环结束，数组的最后一个元素值即为最终计算得到的斐波那契数值，这个数值也将作为函数的返回值。

斐波那契数列在数组 val 中的排列顺序如下：

```
val[0] = 0 val[1] = 1 val[2] = 2 val[3] = 3 val[4] = 5 val[5] = 8 val[6] = 13
```

比较一下使用动态规划函数和递归函数分别计算斐波那契数列的时间。例 14-1 展示了计时测试的代码。

例 14-1　为递归和动态规划版本的斐波那契函数计时

```
function recurFib(n) {
   if (n < 2) {
      return n;
   }
   else {
      return recurFib(n-1) + recurFib(n-2);
   }
}
```

```
function dynFib(n) {
   var val = [];
   for (var i = 0; i <= n; ++i) {
      val[i] = 0;
   }
   if (n == 1 || n == 2) {
      return 1;
   }
   else {
      val[1] = 1;
      val[2] = 2;
      for (var i = 3; i <= n; ++i) {
         val[i] = val[i-1] + val[i-2];
      }
      return val[n-1];
   }
}

var start = new Date().getTime();
print(recurFib(10));
var stop = new Date().getTime();
print("递归计算耗时 - " + (stop-start) + "毫秒");
print();
start = new Date().getTime();
print(dynFib(10));
stop = new Date().getTime();
print("动态规划耗时 - " + (stop-start) + "毫秒");
```

以上程序运行的输出结果如下：

```
55
递归计算耗时 - 0 毫秒

55
动态规划耗时 - 0 毫秒
```

如果我们再次运行该程序，这次计算 fib(20)，将会得到以下结果：

```
6765
递归计算耗时 - 1 毫秒

6765
动态规划耗时 - 0 毫秒
```

最后，计算 fib(30) 得到的结果如下：

```
832040
递归计算耗时 - 17 毫秒

832040
动态规划耗时 - 0 毫秒
```

很明显，在我们计算 fib(20) 及更大的数字时，动态规划的解决方案要比递归的解决方案更加高效。

最后，你或许已经意识到在使用迭代的方案计算斐波那契数列时，是可以不使用数组的。需要用到数组的原因是因为动态规划算法通常需要将中间结果保存起来。以下是迭代版本的斐波那契函数定义，在这个版本中没有用到数组：

```
function iterFib(n) {
   var last = 1;
   var nextLast = 1;
   var result = 1;
   for (var i = 2; i < n; ++i) {
      result = last + nextLast;
      nextLast = last;
      last = result;
   }
   return result;
}
```

这个版本的函数在计算斐波那契数列时和动态规划版本的效率一样。

14.1.2 寻找最长公共子串

另一个适合使用动态规划去解决的问题是寻找两个字符串的最长公共子串。例如，在单词“raven”和“havoc”中，最长的公共子串是“av”。寻找最长公共子串常用于遗传学中，用于使用核苷酸中碱基的首字母对 DNA 分子进行描述。

我们从暴力方式开始去解决这个问题。给出两个字符串 A 和 B，我们可以通过从 A 的第一个字符开始与 B 的对应的每一个字符进行比对的方式找到它们的最长公共子串。如果此时没有找到匹配的字母，则移动到 A 的第二个字符处，然后从 B 的第一个字符处进行比对，以此类推。

动态规划是更适合解决这个问题的方案。这个算法使用一个二维数组存储两个字符串相同位置的字符比较结果。初始化时，该数组的每一个元素被设置为 0。每次在这两个数组的相同位置发现了匹配，就将数组对应行和列的元素加 1，否则保持为 0。

按照这种方式，一个变量会持续记录下找到了多少个匹配项。当算法执行完毕时，这个变量会结合一个索引变量来获得最长公共子串。

例 14-2 展示了该算法的完整定义。看完代码之后，我们将解释它是如何运行的。

例 14-2　用于确定两个字符串中最长公共子串的函数

```
function lcs(word1, word2) {
   var max = 0;
   var index = 0;
   var lcsarr = new Array(word1.length + 1);
   for (var i = 0; i <= word1.length + 1; ++i) {
      lcsarr[i] = new Array(word2.length + 1);
      for (var j = 0; j <= word2.length + 1; ++j) {
```

```
            lcsarr[i][j] = 0;
         }
      }
      for (var i = 0; i <= word1.length; ++i) {
         for (var j = 0; j <= word2.length; ++j) {
            if (i == 0 || j == 0) {
               lcsarr[i][j] = 0;
            } else {
               if (word1[i - 1] == word2[j - 1]) {
                  lcsarr[i][j] = lcsarr[i - 1][j - 1] + 1;
               } else {
                  lcsarr[i][j] = 0;
               }
            }
            if (max < lcsarr[i][j]) {
               max = lcsarr[i][j];
               index = i;
            }
         }
      }
      var str = "";
      if (max == 0) {
         return "";
      } else {
         for (var i = index - max; i <= max; ++i) {
            str += word2[i];
         }
         return str;
      }
   }
```

该函数的第一部分初始化了两个变量以及一个二维数组。多数语言对二维数组的声明都很简单，但在 JavaScript 中需要很费劲地在一个数组中定义另一个数组，这样才能声明一个二维数组。以下代码片段中的最后一个 for 循环会对这个数组进行初始化，以下是这个函数的第一部分代码：

```
function lcs(word1, word2) {
   var max = 0;
   var index = 0;
   var lcsarr = new Array(word1.length + 1);
   for (var i = 0; i <= word1.length + 1; ++i) {
      lcsarr[i] = new Array(word2.length + 1);
      for (var j = 0; j <= word2.length + 1; ++j) {
         lcsarr[i][j] = 0;
      }
   }
}
```

接下来是这是个函数的第二部分代码：

```
for (var i = 0; i <= word1.length; ++i) {
   for (var j = 0; j <= word2.length; ++j) {
```

```
        if (i == 0 || j == 0) {
           lcsarr[i][j] = 0;
        } else {
           if (word1[i - 1] == word2[j - 1]) {
              lcsarr[i][j] = lcsarr[i - 1][j - 1] + 1;
           } else {
              lcsarr[i][j] = 0;
           }
        }
        if (max < lcsarr[i][j]) {
           max = lcsarr[i][j];
           index = i;
        }
     }
  }
```

第二部分构建了用于保存字符匹配记录的表。数组的第一个元素总是被设置为 `0`。如果两个字符串相应位置的字符进行了匹配，当前数组元素的值将被设置为前一次循环中数组元素保存的值加 1。比如，如果两个字符串 "back" 和 "cace"，当算法运行到第二个字符处时，那么数值 1 将被保存到当前元素中，因为前一个元素并不匹配，0 被保存在那个元素中（0+1）。接下来算法移动到下一个位置，由于此时两个字符仍被匹配，当前数组元素将被设置为 2（1+1）。由于两个字符串的最后一个字符不匹配，所以最长公共子串的长度是 2。最后，如果变量 `max` 的值比现在存储在数组中的当前元素要小，`max` 的值将被赋值给这个元素，变量 `index` 的值将被设置为 `i` 的当前值。这两个变量将在函数的最后一部分用于确定从哪里开始获取最长公共子串。

例如，给出两个字符串 "abbcc" 和 "dbbcc"，数组 `lcsarr` 的状态展示了算法的执行过程：

```
0 0 0 0 0
0 0 0 0 0
0 1 1 0 0
0 1 2 0 0
0 0 0 3 1
0 0 0 1 4
```

最后一部分代码用于确认从哪里开始构建这个最长公共子串。以变量 `index` 减去变量 `max` 的差值作为起始点，以变量 `max` 的值作为终点：

```
var str = "";
if (max == 0) {
   return "";
} else {
   for (var i = index - max; i <= max; ++i) {
      str += word2[i];
   }
   return str;
}
```

再次执行这个程序，对字符串 "abbcc" 和 "dbbcc" 执行后返回的结果是 "bbcc"。

14.1.3 背包问题：递归解决方案

背包问题是算法研究中的一个经典问题。试想你是一个保险箱大盗，打开了一个装满奇珍异宝的保险箱，但是你必须将这些宝贝放入你的一个小背包中。保险箱中的物品规格和价值不同。你希望自己的背包装进的宝贝总价值最大。

当然，暴力计算可以解决这个问题，但是动态规划会更为有效。使用动态规划来解决背包问题的关键思路是计算装入背包的每一个物品的最大价值，直到背包装满。

如果在我们例子中的保险箱中有 5 件物品，它们的尺寸分别是 3、4、7、8、9，而它们的价值分别是 4、5、10、11、13，且背包的容积为 16，那么恰当的解决方案是选取第三件物品和第五件物品，他们的总尺寸是 16，总价值是 23。

用来解决这个问题的程序代码非常简短，但是脱离整个程序的上下文来看它显得毫无意义，那么让我们来看一下此程序是如何解决这个背包问题的。我们的解决方案是一个递归函数：

```
function max(a, b) {
   return (a > b) ? a : b;
}

function knapsack(capacity, size, value, n) {
   if (n == 0 || capacity == 0) {
      return 0;
   }
   if (size[n - 1] > capacity) {
      return knapsack(capacity, size, value, n - 1);
   } else {
      return max(value[n - 1] +
                 knapsack(capacity - size[n - 1], size, value, n - 1),
                 knapsack(capacity, size, value, n - 1));
   }
}

var value = [4, 5, 10, 11, 13];
var size = [3, 4, 7, 8, 9];
var capacity = 16;
var n = 5;
print(knapsack(capacity, size, value, n));
```

以上程序运行的结果为：

```
23
```

使用这种递归的方案去解决这种背包问题，因为用的是递归，所以在递归过程中会再次遇到许多子问题。这个背包问题另一种更好的解决方式是使用动态规划技巧，下面进行介绍。

14.1.4 背包问题：动态规划方案

使用递归方案能解决的问题，都能够使用动态规划技巧来解决，而且还能够提高程序的执行效率。背包问题绝对可以用动态规划的方式来重写，要做的只是使用一个数组来保存临时解，直到获得最终的解为止。

以下程序演示了如何使用动态规划去解决我们之前遇到的背包问题。 给定约束条件下的最优解仍然是 23，代码如例 14-3 所示。

例 14-3 动态规划解决背包问题

```
function max(a, b) {
   return (a > b) ? a : b;
}

function dKnapsack(capacity, size, value, n) {
   var K = [];
   for (var i = 0; i <= capacity + 1; i++) {
      K[i] = [];
   }
   for (var i = 0; i <= n; i++) {
      for (var w = 0; w <= capacity; w++) {
         if (i == 0 || w == 0) {
            K[i][w] = 0;
         }
         else if (size[i - 1] <= w) {
            K[i][w] = max(value[i - 1] + K[i-1][w-size[i-1]],
                          K[i-1][w]);
         }
         else {
            K[i][w] = K[i - 1][w];
         }
         putstr(K[i][w] + " ");
      }
      print();
   }

   return K[n][capacity];
}

var value = [4, 5, 10, 11, 13];
var size = [3, 4, 7, 8, 9];
var capacity = 16;
var n = 5;
print(dKnapsack(capacity, size, value, n));
```

程序运行之后，将显示存储在表中的值，它们代表了算法寻找解的过程。输出结果如下所示：

```
0 0 0 0 0 0 0 0 0 0 0 0 0 0 0 0 0
0 0 0 4 4 4 4 4 4 4 4 4 4 4 4 4 4
0 0 0 4 5 5 5 9 9 9 9 9 9 9 9 9 9
0 0 0 4 5 5 5 10 10 10 14 15 15 15 19 19 19
0 0 0 4 5 5 5 10 11 11 14 15 16 16 19 21 21
0 0 0 4 5 5 5 10 11 13 14 15 17 18 19 21 23
23
```

这个问题的最优解可以在二维数组的最后一个单元中找到，即可以在表的右下角找到。你可能还会注意到，这种技巧并不会告诉我们得到最大输出时选择的是哪些物品。但是通过观察可以发现，这个解决方案选择了物品 3 和物品 5，因为背包的容积是 16，物品 3 的尺寸为 7（价值为 10），物品 5 尺寸为 9（价值为 13）。

14.2 贪心算法

前面几小节研究了动态规划算法，它可以用于优化通过次优算法找到的解决方案——这些方案通常是基于递归方案实现的。对许多问题来说，采用动态规划的方式去处理有点大材小用，往往一个简单的算法就够了。

贪心算法就是一种比较简单的算法。贪心算法总是会选择当下的最优解，而不去考虑这一次的选择会不会对未来的选择造成影响。使用贪心算法通常表明，实现者希望做出的这一系列局部"最优"选择能够带来最终的整体"最优"选择。如果是这样的话，该算法将会产生一个最优解，否则，则会得到一个次优解。然而，对很多问题来说，寻找最优解很麻烦，这么做不值得，所以使用贪心算法就足够了。

14.2.1 第一个贪心算法案例：找零问题

贪心算法的一个经典案例是找零问题。你从商店购买了一些商品，找零 63 美分，店员要怎样给你这些零钱呢？如果店员根据贪心算法来找零的话，他会给你两个 25 美分、一个 10 美分和三个 1 美分。在没有使用 50 美分的情况下这是最少的硬币数量。

例 14-4 演示了使用贪心算法找零的程序（假设找零金额小于 1 美元）

例 14-4 找零问题的贪心算法解法

```
function makeChange(origAmt, coins) {
   var remainAmt = 0;
   if (origAmt % .25 < origAmt) {
      coins[3] = parseInt(origAmt / .25);
      remainAmt = origAmt % .25;
      origAmt = remainAmt;
   }
   if (origAmt % .1 < origAmt) {
      coins[2] = parseInt(origAmt / .1);
      remainAmt = origAmt % .1;
      origAmt = remainAmt;
   }
   if (origAmt % .05 < origAmt) {
      coins[1] = parseInt(origAmt / .05);
      remainAmt = origAmt % .05;
      origAmt = remainAmt;
   }

   coins[0] = parseInt(origAmt / .01);
```

```
}

function showChange(coins) {
   if (coins[3] > 0) {
      print("25 美分的数量 - " + coins[3] + " - " + coins[3] * .25);
   }
   if (coins[2] > 0) {
      print("10 美分的数量 - " + coins[2] + " - " + coins[2] * .10);
   }
   if (coins[1] > 0) {
     print("5 美分的数量 - " + coins[1] + " - " + coins[1] * .05);
   }
   if (coins[0] > 0) {
      print("1 美分的数量 - " + coins[0] + " - " + coins[0] * .01);
   }
}

var origAmt = .63;
var coins = [];
makeChange(origAmt, coins);
showChange(coins);
```

以上程序运行的结果输出如下：

```
25 美分的数量 - 2 - 0.5
10 美分的数量 - 1 - 0.1
1 美分的数量 - 3 - 0.03
```

makeChange() 函数从面值最高的 25 美分硬币开始，一直尝试使用这个面值去找零。总共用到的 25 美分硬币数量会存储在 coins 数组中。如果剩余金额不到 25 美分，算法将会尝试使用 10 美分硬币去找零，用到的 10 美分硬币总总数也会存储在 coins 数组里。接下来算法会以相同的方式使用 5 美分和 1 美分来找零。

在所有面额都可用且数量不限的情况下，这种方案总能找到最优解。如果某种面额不可用，比如 5 美分，则会得到一个次优解。

14.2.2 背包问题的贪心算法解决方案

本章开始部分研究了背包问题，并且提供了递归和动态规划的解决方案。这一节将研究如何实现一个贪心算法去解决这个问题。

如果放入背包的物品从本质上说是连续的，那么就可以使用贪心算法来解决背包问题。换句话说，该物品必须是不能离散计数的，比如布匹和金粉。如果用到的物品是连续的，那么可以简单地通过物品的单价除以单位体积来确定物品的价值。在这种情况下的最优解是，先装价值最高的物品直到该物品装完或者将背包装满，接着装价值次高的物品，直到这种物品也装完或将背包装满，以此类推。我们不能通过贪心算法来解决离散物品问题的原因，是因为我们无法将“半台电视”放入背包。离散背包问题也称为“0-1”问题，因为你必须放入整个物品或者不放入。

这种类型的背包问题被称为部分背包问题。以下算法用于解决部分背包问题。

(1) 背包的容量为 W，物品的价格为 v，重量为 w。
(2) 根据 v/w 的比率对物品排序。
(3) 按比率的降序方式来考虑物品。
(4) 尽可能多地放入每个物品。

表 14-1 给出了四个物品的重量、价格和比率。

表14-1：部分背包物品

物品	A	B	C	D
价格	50	140	60	60
尺寸	5	20	10	12
比率	10	7	6	5

根据上面的表格，假设背包的容量为 30，那么这个背包问题的最优解是放入所有物品 A、所有物品 B 和一半的物品 C。这个物品组合将得到的价值为 220。

这个背包问题最优解的代码如下所示：

```
function ksack(values, weights, capacity) {
   var load = 0;
   var i    = 0;
   var w    = 0;
   while (load < capacity && i < 4) {
      if (weights[i] <= (capacity-load)) {
         w += values[i];
         load += weights[i];
      }
      else {
         var r = (capacity-load)/weights[i];
         w += r * values[i];
         load += weights[i];
      }
   ++i;
   }
   return w;
}

var items = ["A", "B", "C", "D"];
var values = [50, 140, 60, 60];
var weights = [5, 20, 10, 12];
var capacity = 30;
print(ksack(values, weights, capacity)); // 显示 220
```

14.3　练习

1. 写一个程序，使用暴力技巧来寻找最长公共子串。

2. 写一个程序，允许用户改变背包问题的约束条件，以便于观察条件的变化对结果的影响。比如，你可以改变背包的容量、物品的价值，或物品的重量。每次最好只改一个约束条件。

3. 使用贪心算法找零钱，不过这次不允许使用 10 美分，假设要找的零钱一共是 30 美分，请尝试找到一个解。这个解是最优解吗？

封面介绍

本书的封面动物是一只刺猬，它是黑龙江刺猬（远东刺猬），也被称为中国刺猬。黑龙江刺猬是十四种刺猬中的一种，广泛分布在世界各地，原产于俄罗斯阿穆尔州和滨海地区、中国东北、朝鲜半岛。和大多数刺猬一样，中国刺猬也喜欢生活在茂密的草丛和灌木丛中。野生的黑龙江刺猬以蠕虫、蜈蚣、昆虫、老鼠、蜗牛、青蛙和蛇为食。刺猬觅食过程中，能根据猎物发出的不同声音来确定是哪种动物。它们主要利用嗅觉和听觉捕猎。它们吸气时会发出像猪一样的呼噜声。

黑龙江刺猬的体重平均为 0.58 公斤至 0.99 公斤，身长为 14 厘米至 30 厘米，其中尾长约占 2.5 厘米到 5 厘米。刺猬威慑天敌的法宝就是它们身上覆盖的短小光滑的刺。如果受到威胁，刺猬会将身体卷成一个球，仅将体刺露在外面。这也是刺猬睡觉的姿势，通常它会在凉爽的黑暗低洼处或洞穴中睡觉。

刺猬是独居动物，即使外出觅食偶然遇到同类，通常也不会来往。唯一的社交时间是在交配季。它们分道扬镳后，由母刺猬独自养育它们的孩子，母刺猬会保护自己的孩子。因为公刺猬据说会吃掉小刺猬。

图灵教育

站在巨人的肩上

Standing on the Shoulders of Giants

图灵教育

站在巨人的肩上

Standing on the Shoulders of Giants